ŒUVRES COMPLÈTES
DE
EUGÈNE SCRIBE

DE L'ACADÉMIE FRANÇAISE

OPÉRAS

COMIQUES

LE KIOSQUE
LA PART DU DIABLE
LE PUITS D'AMOUR
LAMBERT SIMNEL

PARIS
E. DENTU, LIBRAIRE-ÉDITEUR
PALAIS-ROYAL, 17-19, GALERIE D'ORLÉANS

V. — 11.   1879

Paris-Imp. PAUL DUPONT, 41, rue Jean-Jacques-Rousseau. — 1703.78

ŒUVRES COMPLÈTES

DE

EUGÈNE SCRIBE

DE L'ACADÉMIE FRANÇAISE

RÉSERVE DE TOUS DROITS

DE PROPRIÉTÉ LITTÉRAIRE

En France et à l'Étranger.

LE KIOSQUE

OPÉRA-COMIQUE EN UN ACTE

En société avec M. Paul Duport

MUSIQUE DE MAZAS,

Théatre de l'Opéra-Comique. — 2 Novembre 1842.

PERSONNAGES.	ACTEURS.
ÉDOUARD DE VILLEFRANCHE, officier français.	MM. ÉMON.
DON LOPÈS, chef politique de l'Andalousie.	DAUDÉ.
BIBOLO, jardinier de dona Mencia.	SAINTE-FOY.
DONA MENCIA.	Mmes BOULANGER
CHRISTINA, jeune veuve.	DESCOT.
ESTRELLE, sa cousine.	DARCIER.
THÉRÈSE, suivante de dona Mencia.	REVILLY.

Au château de dona Mencia, à sept lieues de Cadix.

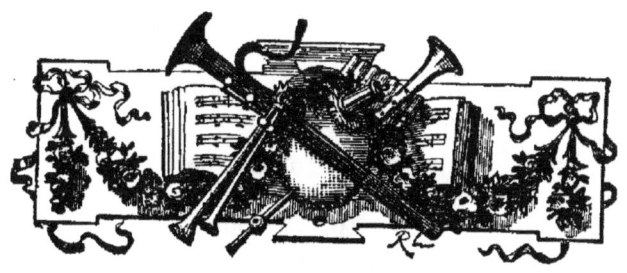

LE KIOSQUE

Un parc élégant. — A gauche et à droite des bosquets; dans l'un d'eux une table en pierre. Au fond un mur dégradé en plusieurs endroits et offrant une brèche, à travers laquelle on aperçoit un site agreste et pittoresque. Le lointain laisse apercevoir le Guadalquivir et les campagnes de l'Andalousie.

SCÈNE PREMIÈRE.

DONA MENCIA, CHRISTINA, ESTRELLE, THÉRÈSE.

INTRODUCTION.

DONA MENCIA, CHRISTINA, ESTRELLE et THÉRÈSE.
Ah! quel ennui! quel supplice d'attendre
  Des lettres qui n'arrivent pas!
Le messager devait ici se rendre,
  Qui peut donc arrêter ses pas?
Allons, allons, il n'arrivera pas!

DONA MENCIA.
Il faut cependant que l'on dîne,
Et n'ayant rien dans ces cantons,

J'attends de la ville voisine
Un panier de provisions.

CHRISTINA.

Moi j'attends la lettre chérie
D'un amant
Fidèle et constant.

ESTRELLE.

Et moi de ma meilleure amie
Que j'ai laissée à mon couvent.

THÉRÈSE.

Et moi de monsieur Belenfant,
Trompette au premier régiment.

DONA MENCIA, CHRISTINA, ESTRELLE et THÉRÈSE.

Ah! quel ennui! quel supplice d'attendre, etc.

SCÈNE II.

LES MÊMES; BIBOLO.

BIBOLO, un panier au bras, des lettres à la main.

Me voilà!

DONA MENCIA, CHRISTINA, ESTRELLE et THÉRÈSE.

Bibolo!

BIBOLO, s'essuyant le front.

J'ai cru rester en route!

DONA MENCIA.

Ah! mes provisions... dans ce panier?

BIBOLO.

Sans doute!

CHRISTINA.

Et des lettres pour moi,
En as-tu?

BIBOLO.

Je le crois!

ESTRELLE et THÉRÈSE.
Et pour moi?... et pour moi?
En as-tu?

BIBOLO.
Mais sans doute.
Tout le monde en aura :
D'abord, señora Mencia,
De ce château dame et maîtresse;
Son aimable nièce,
Dona Christina;
Mademoiselle
Estrelle,
Sa cousine.

(Il donne une lettre à chacune des quatre femmes.)

Ensemble.

DONA MENCIA, CHRISTINA, ESTRELLE et THÉRÈSE.
Ah! quel plaisir! quel bonheur!
Moment bien doux pour mon cœur!

BIBOLO, s'asseyant.
Je n'en puis plus, en honneur!
Quel chemin! quelle chaleur!

CHRISTINA, ouvrant sa lettre.
De ma meilleure amie. Ah! voyons son message
(Elle lit.)
« Vite, accepte en mariage
« Ton soupirant don Lopès.
« Prends-le, malgré sa sottise,
« Car un officier français
« Par des propos indiscrets
« A Madrid t'a compromise. »
Ciel! Raymond!... c'est affreux!... ah! je m'en méfiais!

ESTRELLE, qui a ouvert sa lettre.
De don Alvar, de mon bon frère :
« Ma sœur, vous êtes folle : aimer un inconnu
« Qu'une fois et de loin vos yeux ont entrevu!
« Oubliez ce roman, cette vaine chimère.

« Je le veux, à mes lois sachez vous conformer,
« Bientôt chez notre tante ira vous réclamer
« L'époux dont j'ai fait choix. Soyez prête à l'aimer. »
　　Ah! qu'un frère est méchant!

　　DONA MENCIA, ouvrant sa lettre.

Voyons cette facture :
« J'ai suivi vos ordres exprès
« Et vous adresse les objets
　« Dont ci-joint sont les factures.
　« Vingt boîtes de confitures,
« Oranges, citrons et cédrats,
« Sirop de punch *et cœtera*,
« Vins d'Alicante et de Rota,
« Six bouteilles de Malaga... »
　　Quel plaisir! tout est là!
« Pâtés de lièvre et de perdreaux.
« Total cent cinquante réaux,
« Le tout au plus bas prix possible;
　« Signé Michel Balthazar,
　　« Marchand de comestibles
　　　« A San-Lucar. »
　　Quel plaisir! tout est là!

　　THÉRÈSE, lisant la lettre qu'elle a ouverte.

« Pour vous peindr' l'ardeur qui m' consume,
« Souffrez, mamzell', que Belenfant,
« Trompette au premier régiment,
« Mett' viv'ment la main à la plume.
« Nous avons pris la vill' d'assaut;
« Mais j' voudrais, pour comble de gloire,
« Près d' vous aller sonner bientôt
« La fanfare de la victoire,
　　« Trou! trou! trou! »

　　DONA MENCIA, CHRISTINA, ESTRELLE et THÉRÈSE.

Quelle nouvelle!... à peine si j'y crois.
　Relisons encore une fois.
　　　　　　　　　　　(Elles relisent bas.)

　　BIBOLO, à part, regardant le panier.

Si j' pouvais, sans me compromettre,

Du courrier aussi profiter!...
(Montrant une bouteille qui sort du panier.)
Voici la seule lettre
Que j'aim'rais à décacheter.

Ensemble.

DONA MENCIA.

Sirop, ratafia,
Alicante et rosa,
Orange et cédrat,
Madère et Malaga!

CHRISTINA.

Ton soupirant don Lopès,
Prends-le malgré sa sottise,
Car un officier français
A Madrid t'a compromise!

ESTRELLE.

Vous êtes folle! aimer un inconnu
Qu'une fois et de loin vous avez entrevu!
Bientôt chez votre tante ira vous réclamer
L'époux dont j'ai fait choix; soyez prête à l'aimer.

THÉRÈSE.

Nous avons pris la vill' d'assaut,
Mais j' voudrais, pour comble de gloire,
Près d' vous, aller sonner bientôt
La fanfare de la victoire :
Trou! trou! trou!

BIBOLO.

Si j' pouvais sans me compromettre,
Du courrier aussi profiter!...
Voici la seule lettre
Que j'aim'rais à décacheter.

DONA MENCIA.

Que cet envoi séducteur

Ici va me faire honneur !
Ah ! quel bonheur !

THÉRÈSE.

Belenfant n'est pas trompeur,
Je peux compter sur son cœur.
Ah ! quel bonheur !

ESTRELLE et CHRISTINA.

Quand le trouble est en mon cœur,
Il faut cacher ma frayeur.
Ah ! quel malheur !

BIBOLO.

De ce panier séducteur
N'être, hélas ! que le porteur,
Ah ! quel malheur !

DON LOPÈS, à la cantonade.

Qu'on fasse rafraîchir les chevaux et qu'on m'attende !

DONA MENCIA.

Cette voix !...

CHRISTINA.

Don Lopès... qui se dirige vers ce kiosque !

DONA MENCIA.

Votre adorateur, Christina. Il vient sans doute réclamer votre main ?

CHRISTINA, à part.

Il faudra bien l'épouser, faute de mieux.

SCÈNE III.

LES MÊMES; DON LOPÈS.

(Pendant cette scène, Bibolo s'assied et s'endort sur un banc près de la table de pierre.)

DON LOPÈS, entrant.

Mesdames...

DONA MENCIA.

Quelle heureuse surprise, don Lopès !

DON LOPÈS.

Le roi Joseph, à qui je viens de faire ma cour, à Madrid, m'a nommé gouverneur d'Andalousie, et, mieux encore, duc et grand d'Espagne.

CHRISTINA, à part.

Je serai duchesse, c'est une compensation.

DONA MENCIA.

Je vous félicite de ces honneurs.

DON LOPÈS.

Qui rejailliront sur votre famille, si vous y consentez.

CHRISTINA, à part.

Nous y voilà.

DON LOPÈS.

J'ai déjà l'approbation de votre neveu, don Alvar..., de votre frère, aimable Estrelle.

DONA MENCIA.

Vous entendez, dona Christina... C'est à vous de répondre.

CHRISTINA.

Ma tante...

DON LOPÈS.

Non, non, madame... dona Christina m'a trop habitué à ses rigueurs.

CHRISTINA.

Il est vrai que jusqu'ici les bienséances du veuvage... Mais, enfin, à présent...

DON LOPÈS.

A présent, j'ai conclu que vous aviez sans doute pour me refuser des raisons... (Appuyant.) des raisons décisives... et l'épouse dont j'ai demandé la main à don Alvar, celle qu'il m'accorde... c'est sa sœur, la charmante Estrelle.

1.

DONA MENCIA, CHRISTINA, ESTRELLE et THÉRÈSE.

Ciel!

DONA MENCIA, à Estrelle.

Eh bien! répondez... répondez donc.

CAVATINE.

ESTRELLE, baissant les yeux.

Pardon, seigneur!
J'ai trop grand'peur
Pour oser dire
Ce que m'inspire
L'espoir flatteur
D'un tel honneur!...
Dans mon effroi
Devinez-moi!

Ce mariage
M'offre un hommage
Dont le gage
M'est bien doux!
Mais à ma cousine
C'est, j'imagine,
Mal, entre nous,
De prendre un époux.

Pardon, seigneur, etc.

J'en sais sur terre
Qui serait fière
De se plaire
Sous vos lois!
(Bas à Christina.)
Parle donc, ma chère,
Pourquoi te taire
Quand tu me vois
Défendre tes droits?

(A don Lopès.)
Pardon, seigneur, etc.

CHRISTINA.

Quant à moi, je n'ai rien à dire, et si ma tante approuve un pareil manque de fidélité...

DONA MENCIA.

A Dieu ne plaise!... La fidélité est une vertu toute castillane... L'auriez-vous oublié, don Lopès, auprès du roi Joseph et de sa nouvelle cour?

DON LOPÈS.

Au contraire, madame, et en fait de fidélité, les Français m'ont appris à m'y connaître.

CHRISTINA, à part.

Ah!... mon Dieu!... aurait-il appris?...

DONA MENCIA.

Que voulez-vous dire par là?

DON LOPÈS.

Ce que je vous expliquerai à vous, à vous seule, dona Mencia, si vous daignez m'accompagner jusqu'au bout de l'avenue.

DONA MENCIA.

Comment, vous ne restez pas au château?

DON LOPÈS.

Pardon... Mais auparavant il faut que j'envoie quelques renseignements aux postes voisins... le signalement d'un officier dont je dois m'assurer, moi, gouverneur d'Andalousie.

DONA MENCIA.

Un Espagnol?

DON LOPÈS.

Non, un Français!

DONA MENCIA, CHRISTINA, ESTRELLE et THÉRÈSE.

Un Français!...

DON LOPÈS.

Un officier de Napoléon... Ces messieurs ne respectent

rien, et celui-ci, qui voyage pour son plaisir, se permet en route des propos de toute sorte... Hier encore, dans un café, sur le roi lui-même, souverain aimable et galant qui, pendant que les Français se battent pour lui, se repose à Madrid de leurs fatigues...

THÉRÈSE.

Voyez-vous cela !

DON LOPÈS.

Aussi, j'ai ordre de l'envoyer, pour quelques jours, aux arrêts, afin de lui apprendre à se taire, ce qui me paraît difficile... Après cela, señora, je suis tout à vous !

DONA MENCIA.

Hâtez-vous donc... car il me tarde d'entendre vos explications... sur un changement...

CHRISTINA.

Inexplicable... (A part.) et dont je me vengerai.

DON LOPÈS, à dona Mencia.

Vous l'approuverez.

DONA MENCIA.

Je n'approuve jamais le changement.

ESTRELLE, à Christina en sortant.

Pourvu que ma tante ne faiblisse pas... C'est votre faute, ma cousine... Quand on a un amant comme ça... on s'arrange de façon à le garder... par égard pour les autres.

(Don Lopès sort avec dona Mencia. Christina et Estrelle s'en vont ensemble.)

SCÈNE IV.

BIBOLO, endormi ; THÉRÈSE.

THÉRÈSE.

Hé ! Bibolo ?

BIBOLO, se réveillant.

Plaît-il ?

THÉRÈSE.

Là ! tu dormais déjà... Il dort toujours.

BIBOLO, se frottant les yeux.

Du tout... je réfléchissais.

THÉRÈSE.

A quoi ?... Au boléro que tu nous joueras ce soir sur ton violon pour nous faire danser ?... Car, comme tu es le seul ménétrier de l'endroit, c'est toi qui as la préférence.

BIBOLO, d'un ton comiquement tragique.

Je ne vous jouerai rien.

THÉRÈSE.

Pourquoi donc ?

BIBOLO.

Vous le demandez, Thérèse ?... et cette lettre que je vous ai apportée ?... Ah ! vous êtes en correspondance avec l'armée française...

THÉRÈSE.

Tu en serais jaloux !... nos amis, nos auxiliaires...

BIBOLO.

Justement !... Si je me marie, je ne veux pas d'auxiliaires dans mon ménage. Les Français, surtout... desquels j'ai une frayeur... une frayeur... qui me vient... d'enfance et des moines... Quand ils nous lisent le catéchisme, ou nous font la description de ces impies... c'est à faire dresser les cheveux sur la tête !

THÉRÈSE.

Bah ! ne te fais donc pas de ces idées-là !... ça porte malheur... tu ferais bien mieux d'aller porter les provisions à l'office et de t'exercer ensuite sur ton violon pour la danse de ce soir.

BIBOLO.

C'est bon... c'est bon... nous verrons ça...

THÉRÈSE, *lui donnant une tape sur la joue.*

Est-il gentil!

(Elle sort.)

SCÈNE V.

BIBOLO, seul.

Elle m'a tapé sur la joue!... ça fait du bien!... il n'y a rien de tel pour ragaillardir... et vous donner du cœur. (Il débouche une bouteille qu'il a prise dans le panier.) J'en ai besoin... car, Dieu merci! ce n'est pas la fatigue qui me manque... C'est vrai, dans ce château où il n'y a que des femmes, toujours des courses, des caprices, qui m'occupent plus que mes légumes et mes fleurs...

COUPLETS.

Premier couplet.

Toujours de nouveaux travaux!
Jamais un jour de repos!
Quand donc pourrai-je ici-bas
Me croiser les bras?...

Dans ma chaîne
Inhumaine,
J'ai grand'peine.
On devrait, pour les jardiniers,
Embellir les calendriers
De cinq ou six dimanches par semaine.
Car, voyez quels labeurs!
Surtout quelles chaleurs!
Tout périrait, hélas!
Si l'on n'arrosait pas.

(Il boit sur la ritournelle.)

Toujours de nouveaux travaux! etc.

Deuxième couplet.

>Sécheresse
>Qui me blesse,
>Sécheresse
>Dont l'ardeur vient torréfier
>Et mon jardin et mon gosier,
>Pour te calmer je demande sans cesse
>De l'eau pour mon jardin,
>Pour mon gosier du vin !
>Car tout périt, hélas !
>Quand on n'arrose pas !

Toujours de nouveaux travaux ! etc.

SCÈNE VI.

BIBOLO, ÉDOUARD, paraissant sur la montagne au fond du théâtre.

ÉDOUARD.

Ah ! camarade... sans vous déranger...

BIBOLO, retirant vivement le goulot de la bouteille de sa bouche.

Ah ! mon Dieu !... qui vient là ?

ÉDOUARD.

Où suis-je ici ?

BIBOLO.

A Xérès de la Frontera, à trois lieues de San-Lucar, à sept de Cadix. Et vous voyez là-bas les ruines de l'ancienne Chartreuse, bâtie, dit-on, par le roi Roderic.

ÉDOUARD.

Un mot encore. Ne pouvez-vous me donner asile pour quelques heures ?

BIBOLO.

Bien fâché... Il n'y a ici que des dames, qui ne reçoivent personne. Ainsi, passez votre chemin.

ÉDOUARD.

Va dire à ces dames que je suis un peintre, un artiste... ou, si tu l'aimes mieux, un militaire.... l'un n'empêche pas l'autre.

BIBOLO, se sauvant.

Militaire! artiste!... je me sauve... Il aura deviné mes provisions.

(Il disparaît en emportant le panier.)

SCÈNE VII.

ÉDOUARD, seul au fond.

Et bien! camarade?... Il ne me répond pas... Partout où il y a une brèche, un bon soldat peut tenter l'escalade : entrons! (Il entre dans le parc par la brèche qui est au milieu de la muraille du fond. Il tient sous son bras un carton de dessins.) Comment! plus personne! moi qu'en ce pays on poursuivait, dit-on... on s'enfuit devant moi!... Ma foi, un joli kiosque, site charmant qui appartient par droit de conquête, non à mon épée, mais à mes pinceaux... Comme le général Lejeune, notre chef, nous sommes tous artistes au régiment... ça délasse et ça occupe... entre deux combats, et en me reposant ici quelques instants... je peux bien esquisser ce paysage...

BOLERO.

Espagne, ô doux séjour
D'amour,
Où la folie
Tient sa cour,
Qui ressent de tes cieux
Les feux,
S'éveille pour la vie
Amoureux!

O transport enchanteur!
Ardeur,

Flamme jalouse
Douce au cœur,
Comme les boleros
Nouveaux
Que jette l'Andalouse
Aux échos !

Mais quand l'amant attristé,
Ne sait en vérité
De quel côté
Peut respirer la beauté
Dont il est enchanté,
Comment faire
Pour lui plaire ?
Oui, le Cid, hélas !
Y perdrait ses pas !

Espagnole,
Mon idole,
Viens au secours
De mes amours !
O Chimène
Inhumaine
Vois ma peine,
Et dis-moi
S'il faut pour toi,
Et sans effroi,
Braver soudain
Le Sarrasin !

O ma Chimène !
Faut-il pour toi,
Et sans effroi,
La dague en main,
Braver soudain
Le Sarrasin ?

Paraissez, Navarrois, Maures et Castillans,
Et tout ce que l'Espagne a produit de vaillants !
Paraissez, nobles amants,
Je vous défie et vous attends !

Venez! venez!
Paraissez! paraissez!

Par malheur... le soleil qui darde à plomb sur ma tête rend la position peu tenable... et par cette chaleur-là... quand je pense à Frascati, qu'avec plaisir j'accepterais dans ce moment un bon déjeuner, un ombrage frais et du Champagne à la glace! Eh! mon Dieu! qui vient de ce côté?... Deux femmes!... Le ciel m'aurait-il entendu? En tous cas, et par prudence, ne nous montrons pas, et écoutons.

(Il se cache derrière le bosquet à gauche.)

SCÈNE VIII.

ÉDOUARD, caché, CHRISTINA, THÉRÈSE.

CHRISTINA.

Oui, Thérèse, je veux partir, fût-ce pour m'enfermer dans un cloître... Au moins je n'y verrai plus d'hommes!... Je les ai tous en horreur.

ÉDOUARD, à part.

Mauvais début pour moi.

THÉRÈSE.

Oui! les hommes! c'est un mal nécessaire, et Dieu nous ordonne de prendre nos maux en patience. Votre dépit va trop loin, madame...

CHRISTINA.

Du dépit!... Crois-tu donc que je regrette don Lopès et son ridicule amour?

THÉRÈSE.

Mon Dieu non!... mais malgré soi on regrette un peu sa position, son rang, son nouveau titre.

CHRISTINA.

Mais enfin, que disait-il à ma tante?

THÉRÈSE.

Dame! voilà ce que j'ai entendu en passant derrière la charmille... Il parlait d'un officier français... un certain M. Raymond d'Hauterive...

ÉDOUARD, à part.

D'Hauterive!... un de mes amis.

THÉRÈSE.

Qui, à Madrid, il y a trois mois, vous aurait fait la cour, et même se serait vanté, après votre départ, que dans les bals vous n'aviez dansé qu'avec lui, regardé que lui.

CHRISTINA.

Quelle indignité!

THÉRÈSE.

Certainement, car c'était faux?

CHRISTINA.

C'est-à-dire... non... je crois que c'est vrai... mais il ne devait pas le dire.

THÉRÈSE.

Sans doute... parce que les autres en ont supposé bien plus encore... je connais ça... moi aussi... ça aurait pu m'arriver : à Séville, un certain M. Belenfant, un Français de la garde, m'a fait les yeux doux...

ÉDOUARD, à part.

Belenfant!

THÉRÈSE.

Un joli garçon, trompette dans un régiment.

ÉDOUARD, à part.

Parbleu! dans le mien. Il paraît que me voilà en pays de connaissance.

THÉRÈSE.

Mais, prudemment, je n'ai pas voulu me prononcer... parce que les trompettes n'ont jamais été forts sur la discrétion.

CHRISTINA.

De la discrétion! en est-il parmi les hommes? Il faudrait pour cela qu'ils fussent tous muets.

THÉRÈSE.

Une bonne idée que vous avez là, madame!

ÉDOUARD, à part.

Elle est du moins originale.

THÉRÈSE.

D'abord, dans les tête-à-tête, nous parlerions toutes seules; c'est un agrément. Et puis nous serions bien sûres que nos aveux ne seraient pas répétés... c'est une sûreté... Aussi, voilà qui est fini, si j'écoute un amoureux, c'est qu'il sera muet.

CHRISTINA.

Pour moi, il n'y a plus que ceux-là en qui j'aurais confiance.

THÉRÈSE.

Et moi aussi.

CHRISTINA.

Chut! voici ma tante.

(Elles remontent toutes deux le théâtre pour aller vers dona Mencia qui entre avec Bibolo. Pendant ce temps, Edouard s'avance un peu hors du bosquet, et dit :)

ÉDOUARD, à part.

Il faut convenir que les femmes entre elles ont quelquefois de singulières conversations.

SCÈNE IX.

DONA MENCIA, BIBOLO, CHRISTINA, THÉRÈSE, ÉDOUARD, caché.

DONA MENCIA, à Bibolo qui tient un violon.

Tu m'entends... Bibolo, laisse là ton violon et va sur-le-champ à San-Lucar chercher le notaire.

####### BIBOLO, avec mauvaise humeur.

Là! encore une course!

####### CHRISTINA.

Le notaire!... fort bien, ma tante... vous donnez les mains à la trahison de don Lopès envers moi?
(Pendant l'entretien de dona Mencia et de Christina, Bibolo exprime bas son dépit à Thérèse, qui se moque de lui.)

####### DONA MENCIA.

Silence, Christina. (Elle la conduit solennellement près du bosquet où est caché Edouard.) Don Lopès vous aime toujours... mais il paraît qu'il a couru sur votre séjour à Madrid des bruits fâcheux...

####### CHRISTINA.

Dont je serai justifiée.

####### DONA MENCIA.

Mais trop tard... car je ne puis, en refusant Estrelle à don Lopès, manquer l'occasion de faire entrer un duc dans ma famille! Cela vous servira de leçon... et vous fera comprendre à quel point une jeune femme doit veiller sur elle, et combien j'ai raison de n'admettre dans mon château aucun étranger, aucun inconnu, qui puisse tenir des propos indiscrets.

####### ÉDOUARD, à part.

Le jardinier disait vrai : exclusion complète!

####### DONA MENCIA, à Bibolo.

Et bien! paresseux, encore là! Tu devrais déjà être revenu!

####### BIBOLO, qui pose son violon sur la table de pierre.

Oui, joliment!... En voilà pour jusqu'à la nuit.

####### DONA MENCIA.

Point de réplique, te dis-je, ou je fais mettre en morceaux ton violon.

BIBOLO.

Là ! cette injustice !... Encore si c'était moi, je ne dis pas... mais mon violon, qui est bien innocent... (A Thérèse.) Serrez-le, mamzelle. (Dona Mencia lui lance un coup d'œil de menace.) On part, madame, on part tout de suite... Adieu, Thérèse. (Nouveau regard de dona Mencia.) On est parti !

(Il s'en va.)

SCÈNE X.

LES MÊMES, excepté Bibolo.

ÉDOUARD, à part, dans le bosquet.

A merveille !... ces dames seules... le jardinier dehors pour toute la journée... ma foi !... l'occasion est trop belle pour n'en pas profiter...

(Il s'assied dans le bosquet, ouvre son carton et se met à dessiner.)

DONA MENCIA, à Christina.

Venez, ma nièce, rentrons au château, où je vais annoncer à votre cousine Estrelle la résolution que j'ai prise pour la gloire de notre famille. (S'approchant du bosquet avec Christina, apercevant Edouard.) Ah !...

CHRISTINA.

Un étranger !

DONA MENCIA.

Puis-je savoir, monsieur, ce qui vous amène ici ? (Édouard lui fait signe de se rassurer.) Nous ne craignons rien, monsieur... mais enfin, qui êtes-vous ?

THÉRÈSE, à Édouard.

Ne pouvez-vous répondre ?

(Édouard fait signe qu'il ne le peut.)

DONA MENCIA.

Qu'est-ce à dire ?... seriez-vous muet ?

(Édouard fait signe que oui.)

DONA MENCIA, CHRISTINA et THÉRÈSE.

Il est muet!

THÉRÈSE, bas à Christina.

Ah! madame, quel singulier à-propos!

DONA MENCIA.

Quoi donc, mesdames?

CHRISTINA.

Rien, ma tante... Mais comment monsieur se trouve-t-il seul et sans guide?...

(Édouard fait signe qu'il a voulu dessiner ce paysage.)

THÉRÈSE.

C'est un artiste, un peintre qui a voulu dessiner ce kiosque.

CHRISTINA.

Et la chaleur, la fatigue l'accablent!

THÉRÈSE.

Et l'on ne peut pas l'empêcher de se reposer un instant.

DONA MENCIA.

Non, sans doute... rien qu'un instant.

SCÈNE XI.

Les mêmes; BIBOLO.

THÉRÈSE, se retournant et voyant paraître Bibolo.

Ah! mon Dieu! Bibolo! déjà de retour?

ÉDOUARD, à part.

Le jardinier!... que le diable l'emporte! me voilà découvert et congédié comme un intrigant!... Ma foi! à tout hasard...

(Il prend son carton qu'il a laissé sur une chaise, et se met à crayonner à grands traits.)

DONA MENCIA, à Bibolo.

Qu'est-ce que ça signifie?... Tu as fait trois lieues en un quart d'heure?

BIBOLO.

Non, madame, je ne suis pas sorti; mais j'ai rencontré à la grille du château le notaire de San-Lucar, qui allait près d'ici faire un testament. Dans un moment, il sera chez vous.

DONA MENCIA.

C'est bon!

BIBOLO, à part.

Et moi, profitons de ça pour aller achever la bouteille de vin que j'ai prélevée sur le panier de madame... et que j'ai mise là, dans le coin. (S'avançant et apercevant Édouard.) Tiens!... qu'est-ce que je vois là?

DONA MENCIA.

Un honnête jeune homme, un muet, à qui nous venons de donner pour quelques instants l'hospitalité.

BIBOLO.

Lui!... un muet!... il vous a dit ça?...

CHRISTINA.

Eh! non! il n'a rien pu nous dire... nous ignorons même son nom et son état.

BIBOLO.

Ah bien!... Attendez... Moi, je ne suis pas plus savant qu'un autre... mais je répondrais bien de vous apprendre ce qui en est. (A part.) et de le faire parler.

THÉRÈSE, regardant Édouard, qui dessine.

Ah! madame... madame... Regardez donc, comme c'est joli!

CHRISTINA.

Ce paysan espagnol!...

THÉRÈSE.

C'est étonnant... On dirait que ça ressemble à Bibolo.

BIBOLO.

A moi?...

THÉRÈSE.

Oui... Un homme qui a pris une bouteille dans un panier, et qui est occupé à la boire.

BIBOLO, à part.

Ah ! mon Dieu !

CHRISTINA, prenant le dessin et le portant à dona Mencia.

Tenez, ma tante, voyez plutôt... Quel talent !

DONA MENCIA.

Oui... Une vue de mon parc... celle-ci ; c'est admirable !

THÉRÈSE.

Et l'avoir faite en un instant !

(Pendant que les trois femmes sont groupées et regardent le dessin, Bibolo s'approche d'Édouard, et lui dit, en tremblant, à voix basse.)

BIBOLO.

Monsieur, qu'est-ce que ça signifie ?

ÉDOUARD, bas.

Qu'il faut aussi affirmer que je suis muet ; sinon je parlerai.

BIBOLO, de même.

Ah ! mon Dieu !

ÉDOUARD, de même.

Si je parle, on nous congédie tous les deux.

BIBOLO, de même.

J'entends bien !

ÉDOUARD, de même.

Si je me tais, dix pistoles pour toi.

BIBOLO, bas.

C'est votre dernier mot ?

ÉDOUARD, bas.

Oui !

IV. — XI.

BIBOLO, criant.

Pauvre jeune homme!

DONA MENCIA, CHRISTINA et THÉRÈSE.

Qu'as-tu donc?

BIBOLO.

Je le reconnais; c'est celui dont on parlait ce matin à San-Lucar, où il a passé... Un jeune cavalier bien intéressant, qui a des moyens, à ce qu'il paraît; mais qui a le malheur d'être muet, et muet comme il n'y en a jamais eu.

DONA MENCIA.

La belle découverte! Va donc plutôt au château lui chercher des rafraîchissements.

BIBOLO.

Des rafraîchissements!

ÉDOUARD, bas.

Oui, vraiment... Tu sais bien qu'il y en a.

DONA MENCIA.

Et en même temps avertir Estrelle de venir me trouver.

BIBOLO.

Tenez, madame, la voici... (A part, en sortant.) Je m'en vais... Mais j'aurai l'œil au guet; parce que ce nouveau venu, s'il se mettait à en conter à Thérèse... Il en est bien capable... Un muet comme ça!

(Il sort.)

SCÈNE XII.

ÉDOUARD, DONA MENCIA, CHRISTINA, ESTRELLE, THÉRÈSE.

ESTRELLE, à dona Mencia.

Comment, ma tante! un muet!... (Regardant Édouard.) Ah! mon Dieu!

ÉDOUARD, à part.

Que vois-je !

DONA MENCIA et CHRISTINA, à Estrelle.

Quoi donc ?

ESTRELLE, très-émue.

Comment, ce serait là ?... Ma tante, ma tante, êtes-vous bien sûre qu'il soit muet ?

DONA MENCIA.

Certainement. Mais d'où naît ta surprise ? L'aurais-tu déjà vu ?

ESTRELLE.

Oh ! oui... oui, et dans une occasion que je n'oublierai de ma vie.

ÉDOUARD, à part.

Quel bonheur ! Elle a pensé à moi !

DONA MENCIA, à Estrelle.

Raconte-nous...

ESTRELLE.

De tout mon cœur... C'était dernièrement, pendant notre séjour à Séville... En face de l'hôtel que nous habitions, de l'autre côté de la rue, logeait un jeune homme... C'était lui... qui se mettait à sa fenêtre dès que j'allais travailler sur mon balcon ;... et comme je travaillais toute la journée... ça avait établi entre nous une espèce de connaissance ;... c'est-à-dire pas de mon côté ;... mais lui, il m'adressait des signes, des regards...

DONA MENCIA.

Vous y faisiez attention !...

ESTRELLE.

Oui, ma tante !... Dame !... je ne savais pas que c'était là son seul langage... Sans ça, j'aurais baissé les yeux... pour ne pas entendre... Mais quel dommage, avec une physionomie si distinguée... un air si expressif !...

CHRISTINA.

Mais, tais-toi donc... car il entend !

ESTRELLE.

Comment, monsieur, vous entendez !... Il fallait donc le dire tout de suite... Alors il n'est pas muet de naissance ?...

CHRISTINA, à Édouard.

Comment cela vous est-il arrivé ?...

DONA MENCIA.

Est-ce à la guerre ?

THÉRÈSE.

Est-ce par accident ?

ESTRELLE.

Comment vous trouvez-vous dans ce pays ?

DONA MENCIA.

Etes-vous Espagnol ou étranger ?

(Édouard fait signe qu'il ne peut répondre à tant de questions à la fois. D'ailleurs on ne pourrait comprendre ses réponses.)

ESTRELLE.

C'est juste... Comment voulez-vous qu'il nous réponde, à nous surtout, qui ne connaissons pas le langage des muets ?

QUINTETTE.

(Édouard aperçoit le violon que Bibolo a laissé sur la table, il le prend et leur fait signe qu'avec cet instrument il essaiera de se faire comprendre.)

DONA MENCIA, CHRISTINA, ESTRELLE et THÉRÈSE.

Ah ! c'est charmant !... c'est unique !
Il va nous répondre en musique.

DONA MENCIA.

Votre pays d'abord ?

(Édouard joue les premières mesures de l'air : *Français et militaire*, de Méhul.)

ESTRELLE.

Cet air !... je le connais.

Il nous vint de Paris la semaine dernière;
C'est de Méhul.

(Le chantant :)
« Français et militaire ! »

DONA MENCIA, CHRISTINA, ESTRELLE et THÉRÈSE.

Quel plaisir !... un Français !

DONA MENCIA.

Français et militaire !... eh ! mais j'y pense ici,
Si c'était quelqu'ennemi ?...

(Édouard joue un chant tranquille et gracieux.)

CHRISTINA.

Non, ce n'est point un ennemi.
(A Édouard.)
Avec nous point de flatteries,
Les Françaises, dit-on, sont toutes bien jolies.
Est-ce vrai ?

(Édouard avec son violon répond : *Oui*)

ESTRELLE.

Mais les plus jolies
Qu'on puisse voir ?... Allons... répondez-nous.

(Édouard avec son violon répond : *Non.*)

DONA MENCIA, CHRISTINA, ESTRELLE et THÉRÈSE.

Que vous faut-il donc pour idoles ?
Quelles beautés préférez-vous ?

(Édouard joue un air de boléro.

CHRISTINA.

Un boléro !

ESTRELLE.

J'entends !...

DONA MENCIA, se rengorgeant.

Ce sont les Espagnoles.

Ensemble.

DONA MENCIA, CHRISTINA, ESTRELLE et THÉRÈSE.

C'est charmant ! c'est charmant !

On ne peut s'y méprendre,
Il sait se faire entendre
Aussi bien qu'en parlant.

ÉDOUARD, à part.

Du plus doux sentiment
Je ne puis me défendre.
Ah! son cœur doit comprendre
Ce que le mien ressent!

CHRISTINA.

Eh bien donc!... s'il est vrai, comment me trouvez-vous?
(Édouard répond par une phrase gracieuse.)
Si j'ai bien deviné, je présume, entre nous,
Que cela signifie : aimable!
(Édouard appuie avec intention.)
Je comprends : très-aimable!

DONA MENCIA.

Et moi, monsieur?
(Édouard joue un air grave et majestueux.)
J'entends : très-respectable!

DONA MENCIA, CHRISTINA, ESTRELLE et THÉRÈSE.

Ah! c'est charmant, en vérité!

ESTRELLE.

Et moi, monsieur?
(Édouard joue un air tendre et passionné.)
Que ces accents
Sont séduisants!
(Mettant la main sur son cœur.)
Sans peine ils arrivent là!
Comment, monsieur, je suis comme cela?
Ah! quel malheur, ma tante,
De le laisser partir!

ESTRELLE, CHRISTINA et THÉRÈSE.

Ne pourrait-on le retenir?
(Édouard répond avec son violon : *Volontiers*.)

DONA MENCIA.

Jusqu'à ce soir.

(Édouard répond par la même phrase : *Jusqu'à ce soir.*)

ESTRELLE, à part.

Ah! que je suis contente!

ESTRELLE, CHRISTINA, THÉRÈSE.

Jusqu'à demain?

(Édouard répond de même : *Jusqu'à demain.*)

DONA MENCIA, CHRISTINA, ESTRELLE et THÉRÈSE.

Si j'en crois ce refrain,
Il accepte soudain !

DONA MENCIA, à Édouard.

Ainsi, monsieur nous reste ?

(Édouard fait signe que oui.)

ESTRELLE, à part.

Ah ! que je suis contente !

Ensemble.

DONA MENCIA, CHRISTINA, ESTRELLE et THÉRÈSE.

C'est charmant! c'est charmant! etc.

ÉDOUARD, à part.

Du plus doux sentiment, etc.

SCÈNE XIII.

LES MÊMES; DON LOPÈS.

DON LOPÈS, à dona Mencia.

Enfin, madame, me voilà de retour, pour ne plus vous quitter; j'ai achevé de donner partout le signalement de l'officier français qu'on doit arrêter, le comte Édouard de Villefranche.

ÉDOUARD, à part.

Mon signalement !... Ah ! ça tombe bien !...

DONA MENCIA, à don Lopès.

Chut ! ne parlez pas de cela devant ce jeune militaire, son compatriote.

DON LOPÈS, se tournant vers Édouard et le saluant.

Monsieur serait... (Avec étonnement.) Eh mais !... que vois-je ?

ÉDOUARD, à part.

Aïe ! aïe !

DONA MENCIA, à don Lopès.

Cet air de surprise... Qu'avez-vous ?

DON LOPÈS, tirant un papier.

Pardon, madame, oui... je ne me trompe pas... c'est bien cela... mêmes traits... même taille... plus de doute... voilà mon prisonnier...

ÉDOUARD, à part.

Tout est perdu !

DONA MENCIA, CHRISTINA, ESTRELLE et THÉRÈSE.

Comment ?

DON LOPÈS.

Celui qui a osé tenir des propos factieux dans un café de San-Lucar.

DONA MENCIA.

Des propos, lui !...

ESTRELLE.

Ah ! pauvre jeune homme, plût au ciel

DON LOPÈS.

Et pourquoi ?

DONA MENCIA.

Parce qu'alors il ne serait pas muet.

DON LOPÈS.

Muet... Qu'est-ce à dire, jeune homme ? expliquez-vous.

CHRISTINA.

Eh ! ma tante, pourquoi ne pas laisser faire don Lopès ?

il allait donner là une belle preuve de sagacité ! faire arrêter un muet pour avoir tenu des propos !

DON LOPÈS.

Je conviens qu'au premier coup d'œil ça peut paraître contradictoire. Mais en y réfléchissant, comment expliquer une aussi étrange ressemblance ?... voyez, dona Mencia, voyez vous-même le signalement du coupable... Et si ce n'est pas lui...

ESTRELLE, vivement.

C'est peut-être son frère...

TOUS.

Son frère !...

ÉDOUARD, à part.

Ah ! quelle idée !...

(Il fait signe que oui.)

ESTRELLE.

Là !... vous l'entendez !

DON LOPÈS.

Au fait, dans ce cas, la ressemblance est toute naturelle... J'espère, monsieur le comte, que vous ne me garderez pas rancune... car, malgré les torts de votre frère, je sais que votre famille est une des plus nobles et des plus riches de France...

ESTRELLE, à part.

Quel bonheur !

DON LOPÈS.

Et si, comme je l'espère, vous restez quelque temps dans ce château, nous tâcherons de vous faire oublier ce que cette méprise a eu de pénible.

(Il serre la main d'Édouard.)

ÉDOUARD, lui rendant des politesses, à part.

Dieu !... quelle bonne idée j'ai eu de me faire muet !

DON LOPÈS.

Et, de plus, je vous invite à la signature de mon contrat de mariage avec l'aimable Estrelle.

ESTRELLE.

Avec moi !...

DON LOPÈS.

Car, dona Mencia, je viens de rencontrer maître Osorio, votre notaire... il vous attend au château.

DONA MENCIA.

Allons, Estrelle...

ÉDOUARD, à part.

Et je le souffrirais !...

DONA MENCIA.

Allons, vous dis-je...

ESTRELLE.

Mais, ma tante...

(Édouard s'élance entre dona Mencia et Estrelle.)

TOUS, à Édouard.

Eh bien !... que voulez-vous ?

ÉDOUARD, à part.

Et ne pouvoir parler !... quelle gaucherie j'ai faite de choisir ce rôle-là !

ESTRELLE.

Laissez... laissez, ma tante, et regardez-le !... il s'explique si bien par gestes.

(Édouard fait par ses gestes une déclaration d'amour en montrant Estrelle.)

DONA MENCIA.

Qu'est-ce que ça signifie ?

DON LOPÈS.

Je n'y suis pas du tout.

ESTRELLE.

C'est pourtant bien clair... ça signifie qu'il m'aime, qu'il m'aimera toujours... (Édouard fait signe que oui.) Là ! je ne lui fais pas dire.

DON LOPÈS.

Par exemple !

ESTRELLE, dont Édouard a pris la main.

Voyez plutôt... il a pris ma main... et cet anneau qu'il me présente, c'est pour me demander en mariage...

(Nouveau geste affirmatif d'Édouard.)

DONA MENCIA.

Comment ! ma nièce, vous osez...

ESTRELLE.

Dame !... ma tante... ce n'est pas ma faute... je ne peux pas l'empêcher de parler.

DONA MENCIA.

Je puis du moins vous empêcher de l'entendre. Suivez-moi, mademoiselle...

(Édouard se jette encore au-devant d'Estrelle, et exprime par de nouveaux gestes l'excès de son désespoir.)

DONA MENCIA et DON LOPÈS.

Encore !

ESTRELLE.

Écoutez... il dit que si on me donne à un autre, il se tuera sous vos yeux.

DONA MENCIA.

Ciel ! jeune homme, vous vous permettriez chez moi...

(Édouard fait signe que oui.)

ESTRELLE.

Certainement... Quoi !... vous ne comprenez pas ?... Mon Dieu, moi j'entends tout de suite son langage, comme si je n'avais jamais fait que cela...

DON LOPÈS.

Langage très-inconvenant... parce qu'à coup sûr dona Mencia n'irait pas accepter pour neveu...

DONA MENCIA.

Un muet !... Non, non, c'est impossible... dans notre famille on parle... c'est de rigueur.

THÉRÈSE.

Ce qui est bien dommage, car certainement s'il parlait !...

DONA MENCIA.

Je ne dis pas... il y aurait moyen de s'entendre... (Regardant Édouard qui fait un geste impatient et qui s'arrête.) Eh bien ! qu'a-t-il donc ?

ESTRELLE.

Ah ! ma tante... tenez... cette émotion... je crois que l'amour va faire un miracle, qu'il va parler...

DON LOPÈS.

Tant mieux ! parce que s'il parle, c'est mon homme, et je l'arrête sur-le-champ...

ÉDOUARD, à part.

Quelle situation !

DONA MENCIA, à Estrelle.

Tu vois... il ne dit rien...

ESTRELLE.

Ce n'est pas manque de bonne volonté... il fait ce qu'il peut.

DONA MENCIA.

N'importe... (A Edouard.) Monsieur, je vous ai promis l'hospitalité jusqu'à demain, et je ne m'en dédirai pas... Seulement, après ce qui vient de se passer, je ne saurais vous recevoir dans mon château, et je charge Thérèse de vous préparer un logement dans une des cellules de la Chartreuse... Vous autres, suivez-moi.

(Elle sort du côté du château.)

ESTRELLE, regardant Edouard avant de sortir.

Ah ! quel dommage !

(Elle sort du côté du château.)

THÉRÈSE, de même.

Oh! oui... c'est dommage!

(Elle sort du même côté.)

CHRISTINA, s'apprêtant à suivre Estrelle.

Bien dommage!...

(Edouard la suit et la retient par la main.)

SCÈNE XIV.

ÉDOUARD, CHRISTINA.

CHRISTINA, à part.

Que me veut-il?... peut-être me faire la cour à la place de ma cousine. Une bonne idée qu'il aurait là, pour me sauver une humiliation, et me venger de don Lopès.

ÉDOUARD, à part.

Le péril presse... pas d'autre moyen que de mettre la cousine dans mes intérêts... Mais pour m'assurer de sa discrétion, commençons par faire en sorte qu'elle ait besoin de la mienne.

DUO.

CHRISTINA, à part.

Soyons coquette... ah! je puis l'être,
Près d'un muet c'est sans danger,

ÉDOUARD, à part.

Oui, si je puis la compromettre,

(Il s'approche de Christina et lui prend la main.)

Je la force à me protéger.

CHRISTINA, sans retirer sa main.

Que faites-vous?... Quelles distractions...

ÉDOUARD, à part.

Dans notre état, point de discours frivoles,
    Il faut des actions,
    Et non pas des paroles.

(Il embrasse Christina.)

Ensemble.

CHRISTINA, à part.

Laissons, laissons-le faire,
Celui-là n'en dira rien!

ÉDOUARD, de même.

Il est aisé de se taire
Lorsqu'on vous comprend si bien.

CHRISTINA, baissant les yeux.

Mais au moins, monsieur, en échange
Vous jurez le secret?

ÉDOUARD, à haute voix.

Oui, madame.

CHRISTINA.

Ah! grand Dieu!
Quel miracle!... et qu'entends-je!
Vous parlez!...

ÉDOUARD, d'un ton de badinage.

Oh! bien peu.
Daignez, daignez, madame, à moi vous allier.
Don Lopès vous accuse, à vos pieds je l'amène,
Et devant lui, d'une apparence vaine
Je saurai vous justifier.

CHRISTINA.

Serait-il bien possible?

ÉDOUARD.

Mais à mes vœux soyez sensible,
Et pour Estrelle, à votre tour,
Jurez de servir mon amour.

CHRISTINA.

Oui, je promets de servir votre amour.

ÉDOUARD et CHRISTINA.

Désormais à l'orage
Succède un doux présage.
Les dangers qu'on partage
Se changent en plaisir.

Non, d'une vaine crainte,
Je ne sens plus l'atteinte,
Et mon cœur sans contrainte,
A l'espoir peut s'ouvrir.

SCÈNE XV.

Les mêmes; THÉRÈSE.

THÉRÈSE.

Ah! monsieur... j'accours... je vous cherche, pour vous prévenir qu'il se trame quelque chose contre vous...

CHRISTINA.

Et quoi donc?

THÉRÈSE.

Je ne sais pas bien au juste, madame... mais c'est si mal contre quelqu'un sans défense!...

CHRISTINA.

Explique-toi!

THÉRÈSE.

Figurez-vous... tout à l'heure, comme j'allais, suivant l'ordre de votre tante, préparer dans la Chartreuse le logement de monsieur pour cette nuit, Bibolo s'est mis dans une colère!... et m'a arraché des mains ce que je portais. — « Vilain jaloux, me suis-je écriée, est-il bête, jaloux de ce pauvre jeune homme! As-tu peur qu'il me dise quelque chose, puisqu'il est muet? — Bah! bah!... a-t-il réparti, s'il n'y a que ça pour me rassurer!... » Et comme je ne l'écoutais pas, il a ajouté : — « Je le ferai plutôt déguerpir... et pour ça je n'ai qu'un mot à dire à don Lopès. »

CHRISTINA.

Ciel!...

ÉDOUARD, à haute voix.

Aïe! aïe! je suis perdu!

THÉRÈSE, surprise.

Comment, monsieur, vous parlez!...

CHRISTINA.

Eh! oui!... Voilà son malheur... (A Édouard.) Fuyez... fuyez... Sauvez-vous!

ÉDOUARD.

Fuir!... Non, non!... Un Français n'abandonne ainsi ni son alliée, ni sa maîtresse... c'est dans le péril qu'il faut redoubler de sang-froid... je ne bougerai pas d'ici tant que je serai libre... Par exemple, il est possible que, grâce à votre don Lopès, ça ne soit pas très-long... raison de plus pour bien employer les instants... Je cours m'occuper de vous servir; vous... pendant ce temps-là...

CHRISTINA.

Que faut-il faire?

ÉDOUARD.

Aller trouver Estrelle, lui apprendre la vérité, lui dire combien je brûle de lui parler...

THÉRÈSE.

C'est bien le moins... puisqu'il parle...

ÉDOUARD.

Enfin la déterminer à venir ici en secret...

CHRISTINA.

Un rendez-vous?...

ÉDOUARD.

Oh! en votre présence... Et puis d'ailleurs, vous savez bien qu'on peut se fier à un muet...

THÉRÈSE.

Ça, c'est vrai, madame... c'est ce que nous disions tantôt...

CHRISTINA, souriant.

Il sait donc tout!

ÉDOUARD, à Thérèse.

Jusqu'à ton amour pour Belenfant, mon trompette, à qui je te marierai... avec une dot.

THÉRÈSE.

Ah ! voilà parler...

ÉDOUARD.

Plus qu'un mot. Trouverai-je de quoi écrire dans la Chartreuse ?

CHRISTINA.

Sans doute... C'est là que toutes les semaines ma tante va préparer sa confession.

ÉDOUARD, lui baisant la main.

A merveille... Vous êtes charmante ! (Christina sort du côté du château. Edouard, se dirige vers le côté opposé, et embrasse Thérèse.) Et toi aussi !

(Il sort du côté de la Chartreuse.)

SCÈNE XVI.

THÉRÈSE, seule.

Tiens !... je crois qu'il m'a embrassée !... Ah ! dame !... l'habitude des gestes... Il se sera trompé... dans le feu de la conversation... Avec ça qu'il y met une volubilité... comme pour se dédommager et rattraper le temps perdu... Du reste, ce qu'il dit est si bien tourné... On comprend tout de suite... une dot !... mon mariage !... Belenfant !... Aussi je vais lui être dévouée !... Eh, mais ! qu'est-ce que je vois là-bas ?... Don Lopès et Bibolo qui ont l'air de comploter ensemble. Ah ! si je pouvais savoir !... Mais comment ? Ma foi, en écoutant... c'est ce qu'il y a de mieux... là, dans ce bosquet.

SCÈNE XVII.

THÉRÈSE, dans le bosquet, DON LOPÈS, BIBOLO.

BIBOLO.
Je vous répète que j'en suis sûr...

DON LOPÈS.
Je ne puis me le persuader; et toi-même, qui peut te faire croire qu'il n'est pas muet?

BIBOLO.
Bien des raisons. D'abord, il m'a parlé ce matin.

DON LOPÈS.
Il t'a parlé... Au premier abord, ça a l'air d'une preuve... mais pourtant, si, comme on le disait tantôt, ils sont deux frères qui se ressemblent, tu pourrais avoir pris l'un pour l'autre... et dans ce cas arrêter un muet pour des propos, comme le disait dona Christina, c'est me donner un ridicule...

THÉRÈSE, à part.
Ce qui serait du luxe!

DON LOPÈS.
Ah! par exemple... si je l'entendais moi-même...

BIBOLO.
Comptez là-dessus!... devant vous il soutiendra toujours qu'il est muet.

DON LOPÈS.
Il faudrait lui tendre un piége... quelque chose d'ingénieux...

BIBOLO.
Ah! si vous me demandez des choses... Eh! mais... décidez-vous... car, tenez, le voilà qui sort de la Chartreuse.

DON LOPÈS.

Attends... Une idée... Je vais me cacher quelque part... et tu tâcheras de le faire causer...

BIBOLO.

Eh! mais... tenez... tenez... votre prétendue qui vient de ce côté...

THÉRÈSE, à part.

Ah! mon Dieu!

BIBOLO.

S'il doit causer, ce sera plutôt avec elle.

DON LOPÈS.

Tu as raison... Vite! dans ce bosquet.

THÉRÈSE, à part.

Ah! mon Dieu! je suis prise!

BIBOLO.

Comme cela, je le défie bien de se douter!...

(Ils entrent dans le bosquet autour duquel tourne Thérèse, de façon à se retrouver à leur place quand ils sont à la sienne.)

SCÈNE XVIII.

DON LOPÈS et BIBOLO, cachés, THÉRÈSE; CHRISTINA et ESTRELLE, arrivant du côté du château.

ESTRELLE.

Est-il bien vrai, ma cousine?

CHRISTINA.

Tu en jugeras toi-même.

ESTRELLE.

Quel bonheur!... comment!... Il n'est pas...

THÉRÈSE, bas.

Silence!... On écoute!...

CHRISTINA et ESTRELLE.

Ciel!

SCÈNE XIX.

Les mêmes; ÉDOUARD, arrivant du côté de la Chartreuse.

ÉDOUARD, apercevant Estrelle, à part.

La voilà!... Enfin!... (Haut.) Ah!...

CHRISTINA, ESTRELLE et THÉRÈSE, mettant le doigt sur la bouche, lui disent mystérieusement.

Chut!

ÉDOUARD, bas.

Hein?

CHRISTINA, ESTRELLE et THÉRÈSE, lui montrant le bosquet, disent de même, en lui faisant signe qu'on écoute.

Là!

ÉDOUARD, à part.

Ah!... j'y suis... encore voué à la pantomime!... allons!... un grand parti!

BIBOLO, bas à don Lopès.

A-t-il parlé?

DON LOPÈS, bas.

Je n'entends rien!

CHRISTINA, d'un ton affecté.

Comment, vous ici, monsieur?... quitter la Chartreuse... nous surprendre dans notre promenade!...

DON LOPÈS, à part.

Ce n'était pas un rendez-vous!

(Édouard prend la main d'Estrelle, la presse sur son cœur et la baise.)

BIBOLO, bas.

Dites donc, monsieur... il prend la main de votre future... il la porte à ses lèvres...

DON LOPÈS.

C'est égal... il ne parle pas!

(Édouard prend la main de Thérèse.)

BIBOLO.

Eh bien!... La main de Thérèse à présent!

DON LOPÈS.

Laisse donc... puisqu'il ne parle pas...

BIBOLO.

Ma foi!... j'aime encore mieux ses paroles que ses gestes!...

(Édouard fait signe à Estrelle et à Thérèse de s'en aller et de se cacher dans le bosquet à gauche ; puis il retient Christina par la main.)

ÉDOUARD, à part, les suivant des yeux.

C'est ça!... Quatre personnes en embuscade pour écouter un muet... (A voix basse à Christina.) Ne vous étonnez de rien...

CHRISTINA, bas à Édouard.

Que voulez-vous donc, monsieur?... quel est ce mystère?...

ÉDOUARD, à voix haute, l'amenant près du bosquet à droite où est caché don Lopès.

Je vous ai trompée, madame... je ne suis pas muet.

BIBOLO, bas à don Lopès.

Là!... vous le croirez peut-être, quand c'est lui qui le dit...

CHRISTINA, jouant l'abandon.

Comment! monsieur...

ÉDOUARD.

C'était le seul moyen de me rapprocher de vous, pour vous remettre la lettre d'un ami malheureux... (A voix basse.) Laissez-la prendre. (Haut.) Une lettre... d'un amant... au désespoir...

CHRISTINA.

Mais je ne sais si je dois.

(Édouard donne la lettre à Christina.)

3.

DON LOPÈS, prenant la lettre.

Il est donc vrai!

CHRISTINA et ÉDOUARD.

Ciel!

ÉDOUARD, à don Lopès.

Et de quel droit?

DON LOPÈS.

J'ai droit sur tous les papiers qui viennent d'un prisonnier d'État...

ÉDOUARD.

Je vous entends... Mais j'aurai rempli mon devoir.

DON LOPÈS, qui a ouvert la lettre.

Que vois-je!... Cette signature!... Raymond d'Hauterive!

CHRISTINA.

O ciel!

DON LOPÈS, à Christina.

Eh bien!... perfide!... Les bruits étaient donc vrais!

CHRISTINA.

Monsieur... J'ignore... Rendez-moi...

DON LOPÈS.

Du tout...

ÉDOUARD, bas à Christina.

Laissez-le faire...

DON LOPÈS.

J'ai besoin de vous confondre... car, j'en rougis... mais, je vous aimais encore... et, du moins, après cette preuve... Lisons...

CHRISTINA, à part.

Je tremble!

DON LOPÈS, lisant.

« Madame, je n'ai pu résister à vos cruautés... »

CHRISTINA, vivement.

Il y a cela?

DON LOPÈS, à part.

Aurais-je été trompé?... (Haut.) Poursuivons! (Lisant.) « Dans ma première fureur, j'ai osé vous calomnier... Pardonnez-moi. Quand vous recevrez cette lettre, mon désespoir vous aura vengée... Je ne serai plus! »

CHRISTINA.

Ciel! il est mort!

ÉDOUARD, bas à Christina.

De ma main... C'est moi qui ai fait la lettre!

DON LOPÈS, tombant aux pieds de Christina.

Ah madame!...

CHRISTINA, apercevant dona Mencia qui arrive par le fond.

Ma tante!

DON LOPÈS.

Votre tante!...

SCÈNE XX.

Les mêmes; DONA MENCIA.

FINALE.

CHRISTINA et ESTRELLE, vivement.

Ah! ma tante, ma chère tante!

DONA MENCIA.

Qu'est-ce donc?

TOUS, montrant Lopès.

Le rival qu'il soupçonnait
N'existe plus.

DONA MENCIA.

Qui l'a dit?

CHRISTINA, ESTRELLE et THÉRÈSE.

Le muet!

DON LOPÈS.

Christina, qu'à tort l'on accusait,
Rendez-la-moi, madame... Elle était innocente.

DONA MENCIA.

Et qui vous l'a dit?

TOUS.

Le muet.

DONA MENCIA, étonnée.

Le muet!

DON LOPÈS.

En faveur de cette nouvelle,
Souffrez un changement.

DONA MENCIA.

Je ne puis, car Estrelle
Sans époux resterait.

CHRISTINA.

Non, car un autre est prêt
A l'épouser.

DONA MENCIA.

Qui donc vous l'a dit?

CHRISTINA, ESTRELLE et THÉRÈSE.

Le muet.

DONA MENCIA.

Eh! toujours le muet!...
Quel bavard!...

ÉDOUARD, s'approchant de dona Mencia.

Oui, madame.

DONA MENCIA, stupéfaite.

O miracle!...

CHRISTINA.

En effet!
Le miracle est complet.

ÉDOUARD.

Oui, par amour tantôt j'ai perdu la parole,
Et l'amour me la rend pour demander sa main.

TOUS.

Son espoir sera-t-il frivole?

DONA MENCIA.

Non, non, je cède...

TOUS.

Heureux destin!

Prodige de silence,
Nouveau miracle de l'amour!
Oui, vraiment de l'amour!
Ah! vous devez un prix à sa constance :
Qu'Estrelle, par un doux retour,
De son amour, soit, par vous, en ce jour,
La douce récompense!

LA PART DU DIABLE

OPÉRA-COMIQUE EN TROIS ACTES

MUSIQUE DE D.-F.-E. AUBER.

Théâtre de l'Opéra-Comique. — 16 Janvier 1843.

PERSONNAGES.	ACTEURS.
FERDINAND VI, roi d'Espagne.........	MM. GRARD.
RAFAEL D'ESTUNIGA............	ROGER.
GIL VARGAS, licencié, son précepteur. . .	RICQUIER.
FRAY ANTONIO, grand inquisiteur......	VICTOR.
LE COMTE DE MEDRANO, gouverneur du palais................	PALIANTI.
MARIE-THÉRÈSE de Portugal, femme de Ferdinand VI,.................	Mmes REVILLY.
CARLO BROSCHI..............	ROSSI-CACCIA.
CASILDA, sa sœur.............	ANNA-THILLON.
UN HUISSIER...............	—

SEIGNEURS et DAMES DE LA COUR. — OFFICIERS. — GARDES. — PIQUEURS. — INQUISITEURS.

En Espagne.

Aux environs de Madrid, au premier acte; à Aranjuez, aux deux derniers actes.

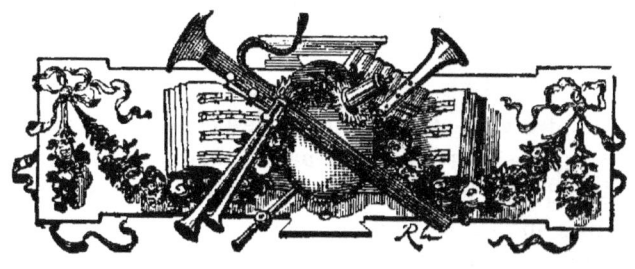

LA
PART DU DIABLE

ACTE PREMIER

Une orêt. — A droite, un couvent. Au milieu du théâtre, un chêne immense au pied duquel est un banc de pierre.

SCÈNE PREMIÈRE.

RAFAEL, GIL VARGAS.

(Tous les deux entrent en causant.)

RAFAEL.

Tu dis donc, Gil Vargas, que tu viens de voir le duc d'Estuniga, mon oncle?

VARGAS.

Oui, mon élève!

RAFAEL.

Et il est furieux?...

VARGAS.

Contre vous et contre moi... le licencié Gil Vargas, qu'il accuse de vous avoir donné des idées... J'ai eu beau lui répéter que pendant les dix années qu'il vous avait confié à mes soins... je ne vous avais rien appris... rien, absolument rien... de ce genre-là... que vous étiez sorti de mes mains, à dix-huit ans... simple, timide et ignorant de toutes choses...

RAFAEL.

C'est vrai!

VARGAS.

« Pourquoi donc, depuis trois mois, a-t-il pris en dégoût la vie monastique à laquelle je le destinais? Pourquoi la pension de six cents ducats que je lui ai assurée est-elle dépensée en robes de femmes et en parures? Pourquoi, enfin, a-t-il fait des dettes?... » A ce mot, et avec tout le respect que je dois à la noble maison de Las Cuevas, et surtout au duc d'Estuniga, votre oncle, j'ai juré que cela n'était pas!

RAFAEL.

Tu as eu tort de jurer...

VARGAS.

Vous n'avez plus d'argent?...

RAFAEL.

Plus un maravédis.

VARGAS.

Et vous avez des dettes?...

RAFAEL.

Pour deux cents pistoles...

VARGAS.

Vous avez donc hanté les mauvais sujets, les libertins?...

RAFAEL.

M'en préserve le ciel!

VARGAS.

Vous vous êtes lancé dans le pharaon ou le lansquenet, perdition de la jeunesse?...

RAFAEL.

Jamais... Et depuis trois mois que tu m'as quitté, je passais toutes mes journées à étudier ma théologie, dans les grands in-folios que tu m'as donnés : le père Sanchez, le père Escobar...

VARGAS.

Bons livres !

RAFAEL.

Mauvais livres, car ils sont si ennuyeux, qu'ils font penser à autre chose... J'avais toujours les yeux en l'air... et, justement en face de mes fenêtres, étaient les ateliers d'une des premières couturières de la ville, et parmi ses jeunes ouvrières, il y en avait une...

VARGAS.

Bonté du ciel! une couturière!... Vous voilà amoureux!...

RAFAEL.

Tu l'as dit... Une figure divine... un ange... et moi qui n'étais habitué qu'à te voir!...

VARGAS.

Vous la regardiez?...

RAFAEL.

Toute la journée.

AIR.

C'était elle
Qui, le jour,
M'enivrait de pensers d'amour!
C'était elle
Qui, la nuit,
En rêve habitait mon réduit!
Oui, c'est elle
Que je regrette et que j'appelle!

Et dans tous les lieux,
Dans mon cœur et devant mes yeux,
C'est elle!...
Toujours elle!

A sa vue, une ardeur soudaine
Me faisait trembler et rougir!
Et c'était un trouble, une peine
Plus douce encor que le plaisir!
Dans tes leçons, dans aucun livre,
On ne me parlait nulle part
De ce charme qui nous enivre...
Et même en lisant Escobar,
Sais-tu bien qui venait s'offrir à mon regard?

C'était elle!
Qui, le jour, etc.

VARGAS.

Et c'est pour elle que vous avez fait toutes ces folies?...

RAFAEL.

Oui... Pour parvenir jusqu'à elle... pour lui parler... je n'avais qu'un moyen... c'était de commander des robes, des mantilles ou des basquines, ce qui est très-cher!...

VARGAS.

Je le crois bien!

RAFAEL.

J'en commandais tous les jours... Et quand la pension de mon oncle a été épuisée... j'ai fait des dettes pour avoir des fontanges et des falbalas; et quand on n'a plus voulu me prêter... j'ai vendu le père Sanchez et le père Escobar, pour acheter des rubans et des dentelles...

VARGAS.

Vous, Rafaël d'Estuniga, mon élève!... Et qu'avez-vous fait de tout cela?

RAFAEL.

C'est chez moi! dans ma chambre d'étudiant, que j'ai

quittée... parce que celle que j'adore s'est éloignée... Je ne la vois plus... j'ignore ce qu'elle est devenue !...

VARGAS.

Et que voulez-vous faire?

RAFAEL.

Je n'en sais rien!... mais je ne veux plus étudier la théologie... Je suis gentilhomme, je puis porter l'épée, faire mon chemin, et épouser un jour celle que j'aime.

VARGAS.

Malgré votre oncle?... Il vous déshéritera, ce qui ne peut tarder, car il est au plus mal !

RAFAEL.

Eh bien! sans amis, sans famille, sans maîtresse, rien à espérer dans le présent et dans l'avenir... il n'y a plus qu'un parti... et ce n'est pas ma faute si l'on me force à le prendre.

VARGAS.

Lequel?

RAFAEL, regardant autour de lui.

Ce n'est pas sans raison que j'ai dirigé nos pas de ce côté... Reconnais-tu cet endroit?

VARGAS.

C'est l'abbaye de Notre-Dame-des-Bois, à deux lieues de Madrid... et, de ce côté, la posada des *Armes de Castille*... hôtellerie qui, d'ordinaire, sert de rendez-vous dans les chasses royales...

RAFAEL.

Et ce vieux chêne, qui a trois cents ans pour le moins?...

VARGAS, souriant.

Celui qu'on appelle l'*Arbre des Sorcières?*

RAFAEL.

Oui! oui, c'est bien cela... Et, dans les livres saints en qui j'ai toute croyance, j'ai lu... et toi-même me l'as répété, qu'on avait bâti ce monastère pour éloigner de cette forêt les sorciers et les démons, qui, toutes les nuits, s'y donnaient rendez-vous...

VARGAS, à part.

De tout ce que je lui ai appris... voilà les seules idées qui lui soient restées...

RAFAEL.

Et que, malgré cela, ils revenaient deux ou trois fois dans l'année... entre autres à Noël et à la Saint-Jean... et qu'à dix heures du soir, sous le grand chêne du carrefour... en appelant trois fois : Asmodée... Tu me l'as dit !...

VARGAS.

C'est possible !... Mais comment croire que votre tête ira s'exalter par de pareilles idées !... Chassez-les... car, lorsqu'elles vous possèdent... ce qui arrive souvent... vous, si doux et si timide... on vous prendrait pour un fou... pour un illuminé !

RAFAEL.

Tu dis vrai !... depuis ce matin, mon cerveau est brûlant... j'ai la fièvre... car c'est aujourd'hui saint Jean... Et si tout m'abandonne, me suis-je dit... ce soir, à dix heures... j'irai sous ce grand chêne...

VARGAS.

Vous ?...

RAFAEL.

J'appellerai trois fois Asmodée... et s'il me répond...

VARGAS, souriant.

Il ne vous répondra pas !

RAFAEL, avec colère.

Impie ! tu ne crois donc pas que Satan existe ?

VARGAS.

Si vraiment !...

RAFAEL.

Alors, il peut venir ?...

VARGAS.

Me préserve le ciel de l'en empêcher... Mais je dis seulement qu'avant de le déranger... il faut voir s'il n'y aurait pas quelques moyens...

RAFAEL.

En connais-tu?... lesquels?...

VARGAS.

Peut-être pourrait-on s'adresser à quelque protecteur que l'on ne serait pas obligé de faire venir de si loin... Dans ce moment, voyez-vous, notre roi Ferdinand est atteint d'une mélancolie, d'une maladie noire qui, souvent, dégénère en folie...

RAFAEL.

Est-il possible!

VARGAS.

Maladie qui, depuis un événement que je connais mieux que personne, n'a fait que redoubler... Une jeune fille, dont il croit avoir causé la mort, et dont l'ombre le poursuit sans cesse... ce qui fait que le grand inquisiteur Fray Antonio, confident de Sa Majesté, jouit d'un grand pouvoir... et je suis l'homme du grand inquisiteur... Dans des occasions délicates et dangereuses, je lui ai déjà rendu des services désintéressés pour lesquels il m'a promis récompense, dès que nous aurons congédié et renvoyé la reine en Portugal; mais d'ici là, il ne me refusera pas sa puissante recommandation pour mon élève...

RAFAEL.

Tu crois?...

VARGAS.

J'en suis sûr... Il y a ce soir, dans cette forêt, une chasse aux flambeaux, où assistera toute la cour... car on ne sait quel moyen employer pour distraire le roi... et le grand inquisiteur, qui ne le quitte que le moins possible, n'aura garde d'y manquer... Venez seulement rédiger votre demande...

RAFAEL.

Et où cela ?

VARGAS.

A la posada des *Armes de Castille*, où la cour doit s'arrêter... (A demi-voix.) et, puisque vous étiez décidé à vous donner à Satan...

RAFAEL, secouant la tête.

Au fait... à lui, ou au grand inquisiteur...

VARGAS, haut.

Eh bien ! venez-vous ?

RAFAEL, le suivant.

Me voilà... me voilà, mon précepteur !

(Ils sortent par la droite.)

SCÈNE II.

CARLO, seul.

(Au moment où ils s'éloignent, on voit Carlo entr'ouvrir les branches du chêne dans lequel il est caché.)

AIR.

Le singulier récit qu'ici je viens d'entendre...
Sur cet arbre où j'avais fui l'ardeur du soleil,
   Un songe heureux m'allait surprendre,
Lorsque leurs voix ont troublé mon sommeil.

(Il descend de l'arbre et regarde du côté par où Rafaël vient de s'éloigner.)

Pauvre jeune homme, hélas ! sans appui sur la terre,
   Sans amis, sans soutien,
   Je comprends sa misère,
   Car son sort est le mien !
   Mais j'ai tort, il me semble :
   N'ai-je pas une sœur ?
   Et malheureux ensemble,
   C'est presque du bonheur !

Tandis que lui !...

Sans appui sur la terre, etc.,
(Regardant autour de lui.)
Allons! allons!...

En chemin,
Modeste pèlerin,
Pour braver ou fuir le chagrin,
Rêvons l'espoir d'un meilleur lendemain.
Du courage!
Si l'orage
Aujourd'hui me poursuit,
Le soleil qui luit,
Demain, de ses rayons m'échauffe et m'éblouit.
Compagne de ma vie,
Ma sœur chérie,
Avec toi le voyage
Est sans nuage,
Et Dieu qui protégea nos pas,
Ne nous abandonnera pas!

SCÈNE III.

CARLO, CASILDA, entrant par la droite.

CARLO.

Enfin, c'est ma sœur!... Te voilà donc arrivée... c'est bien heureux!

CASILDA, voulant l'embrasser.

Mon cher Carlo! mon bon frère!

CARLO.

Un instant... Qu'est-ce que c'est que cette lettre que j'a reçue de toi... et pourquoi vouloir quitter Madrid?

CASILDA.

Tu vas commencer par me gronder!

CARLO.

Non, sans doute... mais que veux-tu que je fasse de toi maintenant?... Est-ce qu'un pauvre musicien, tel que je suis, peut, avec une jolie fille sous le bras, aller chanter, ou toucher l'orgue dans les couvents de moines?... Et sans madame l'abbesse, qui m'a déjà promis sa protection... Mais avant tout, raconte-moi ce qui t'a forcée à quitter la maison où je t'avais placée...

CASILDA.

Oui, à Madrid... chez la señora Urraca, une célèbre couturière...

CARLO, vivement.

Oh! mon Dieu! ne venait-il pas souvent chez vous un jeune homme qui demeurait vis-à-vis de vos fenêtres?...

CASILDA.

Qui te l'a dit?

CARLO.

Un élève en théologie?...

CASILDA.

Une de nos meilleures pratiques... Il achetait tous les jours des robes et des mantilles.

CARLO, à part.

C'est bien cela!

CASILDA.

Et j'avais bien soin qu'on ne lui vendît pas trop cher... car il ne marchandait jamais... Et puis si doux, si honnête, si timide...

ROMANCE.

Premier couplet.

Oui, devant moi, droit comme une statue,
Humbles étaient son air et son maintien!
    Son âme ingénue
    Etait tout émue
    A ma vue.
Je lui plaisais!... et je le voyais bien;
    Mais comment faire?
    Et le moyen
De s'empêcher de plaire?...

Pourquoi
Sur moi
Ce regard si sévère?
Mon frère! mon frère,
Calme-toi!
S'il m'aime, hélas! c'est malgré moi!

Deuxième couplet.

Bien loin qu'il veuille ou tromper ou séduire,
J'ignore, hélas! son nom, et lui... le mien!
Tout bas il m'admire,
Et sans rien me dire,
Il soupire!
Je vois qu'il m'aime... Ah! je m'en doute bien.
Mais dis toi-même
Le moyen
D'empêcher qu'on vous aime!

Pourquoi
Sur moi
Ce regard si sévère, etc.

CARLO.

De sorte qu'il ne connait pas ton nom, et qu'il ne sait pas même qui tu es?

CASILDA.

Oh! mon Dieu non! Mais c'est égal... j'étais bien tranquille... bien heureuse... je travaillais toute la journée à ma fenêtre...

CARLO, vivement.

A la fenêtre!...

CASILDA.

Oui, frère... parce qu'elle donnait, de l'autre côté, sur les jardins du palais... dont les grands arbres nous apportaient l'ombre et la fraîcheur. Je travaillais donc avec mes compagnes, en fredonnant les boléros que tu m'as appris, surtout l'air du pays, que notre pauvre mère répétait en nous berçant... et un jour que j'achevais de le chanter, j'entendis applaudir sous le balcon... c'étaient deux cavaliers enveloppés de leurs manteaux, et qui, depuis plusieurs soirs, se promenaient dans la rue.

CARLO.

C'était lui...

CASILDA.

Oh! non!... je l'aurais reconnu!... Ils s'éloignèrent rapidement. Mais le lendemain, un homme d'un âge et d'une figure respectables vint nous dire qu'une grande dame, à qui l'on avait parlé de mes talents, voulait avoir une robe de cour faite par moi.

CARLO.

Il n'y avait pas de mal...

CASILDA.

Non; mais il ajouta que cette dame était indisposée, qu'il fallait aller lui prendre mesure chez elle. Son carrosse était en bas, et comme j'hésitais, la señora Urraca y mit tant d'instance, que j'obéis, et nous partîmes, moi et le vieux monsieur à la figure respectable. La voiture roulait depuis bien longtemps... Mais nous allions, disait-il, à l'autre bout de Madrid; bientôt je n'entendis plus le mouvement et le bruit de la ville... Je m'élançai à la portière qui était fermée. Nous étions sur la grande route, et mon compagnon de voyage m'avoua que cette grande dame habitait la campagne; mais qu'on me ramènerait le soir même; que c'était convenu avec la señora Urraca... Que pouvais-je faire, Carlo ?... Mes cris et mes efforts eussent été inutiles. J'étais en leur puissance; il fallait feindre de les croire, et après plusieurs heures de marche, nous arrivâmes à la nuit à une riche habitation, des lambris tout dorés, des lustres étincelants... Et un seigneur jeune encore, et d'une physionomie noble et distinguée, me dit en souriant : « Rassurez-vous, señora; demain seulement ma femme pourrra vous recevoir. D'ici là, calmez-vous, voici votre appartement et de plus votre souper. Ne craignez rien... Je vous laisse... » Et il sortit en fermant la porte.

CARLO.

Ma pauvre sœur!

CASILDA.

Ah! je ne perdis pas courage... car je pensais à toi et à ma mère, et dès que je me vis seule... j'ouvris une fenêtre; elle n'était pas bien haute et donnait sur de vastes jardins, où, à l'aide de mes draps, je fus bientôt descendue... Je courus devant moi jusqu'à... un mur d'enceinte que l'on réparait, et qu'une brèche me permit de franchir... Depuis ce moment, je marchai toute la nuit, sans m'arrêter, sans savoir d'où je venais et où j'allais! et au point du jour... épuisée de fatigue, j'arrivai à une hôtellerie à une lieue d'ici. C'est de là que je t'ai écrit, mon frère, et je ne crains plus rien... car je suis près de toi...

CARLO.

Tu as raison, sœur; il ne faut plus retourner à Madrid. L'infâme à qui je t'avais confiée s'entendait avec les ravisseurs.

CASILDA.

Je savais que c'était aujourd'hui jour de fête...

CARLO.

Jour de saint Jean!

CASILDA.

Et que tu devais toucher l'orgue à Notre-Dame-des-Bois.

CARLO.

C'est fait, et après la cérémonie j'ai parlé à madame l'abbesse, qui consent à te garder pensionnaire, à condition... que toute l'année je chanterai ici pour rien.

CASILDA.

Ah! mon pauvre frère! encore un bienfait.

CARLO.

Non, sœur, mon devoir, et pas autre chose.

4.

DUO.

Ensemble.

CARLO.

Amitié, constance et courage !
Et pour braver les jours d'orage
Songe donc que du haut des cieux
Notre mère a sur nous les yeux !

CASILDA.

Amitié, constance et courage !
Et pour braver les jours d'orage
Je songe que du haut des cieux
Notre mère a sur nous les yeux !

CARLO.

Rien à craindre pour toi dans ce pieux asile.

CASILDA.

Mais lui ! mon frère, lui !... je ne le verrai plus !

CARLO.

Ah ! bannis de ton cœur un espoir inutile...

CASILDA.

L'oublier !...

CARLO.

Il le faut !... tes vœux seraient déçus.
Je connais les desseins de sa noble famille !

CASILDA.

Je l'aimais tant !

CARLO.

Sa naissance et son rang
L'éloignent d'une pauvre fille.

CASILDA.

Je l'aimais tant ! O nouvelles douleurs !

CARLO.

Allons ! allons !... sèche tes pleurs !

Ensemble.

CARLO.

Amitié, constance et courage !
De ton cœur pour calmer l'orage,
Songe donc que du haut des cieux
Notre mère a sur nous les yeux !

CASILDA.

Amitié, constance et courage !
De mon cœur pour calmer l'orage,
Je songe que du haut des cieux
Notre mère a sur nous les yeux !

CARLO.

Oui, dans cette sainte demeure,
Madame l'abbesse t'attend ;
Adieu, car bientôt voici l'heure
Où l'on va fermer le couvent.

CASILDA, pleurant.

Te quitter !...

CARLO, doucement.

Il le faut.

CASILDA, de même.

Tu reviendras !...

CARLO, l'embrassant.

Bientôt.

CASILDA et CARLO.

Amitié, constance, courage !
Pour nous va s'apaiser l'orage,
Tout me dit que, du haut des cieux,
Notre mère a sur nous les yeux
Et nous bénira tous les deux !

(Ils se jettent dans les bras l'un de l'autre, et Casilda entre dans le couvent.)

SCÈNE IV.

CARLO, suivant sa sœur des yeux.

Adieu... adieu, ma sœur... Ah! je suis comme elle, j'en pleurerais presque... (Essuyant ses larmes.) Allons donc, c'est à moi d'avoir du cœur et des forces... Et pour retourner à trois lieues d'ici, au couvent des Hiéronymites où je demeure, moi qui n'ai presque rien pris depuis ce matin, je ferais peut-être bien de m'arrêter un instant à la posada des *Armes de Castille*, où je retrouverai mon pauvre jeune homme de tout à l'heure... que Casilda aime tant! (Il fait quelques pas et s'arrête.) Non... non, dans toutes ces hôtelleries ils prennent si cher aux voyageurs... Ce serait une dixaine de réaux que ça me coûterait... pour le moins, et cet argent-là n'est pas à moi... c'est à mes sœurs... ce serait les voler... (Fouillant dans sa poche.) Ce qu'il y aurait d'ennuyeux, ce serait d'être à table tout seul... Mais seul... je ne le suis jamais... et ton souvenir, ô ma mère, est toujours avec moi!

SCÈNE V.

CARLO, assis au pied de l'arbre, et mangeant; LA REINE et LE ROI paraissant à droite, au fond du théâtre.

TRIO.

LA REINE, à Ferdinand.

Appuyez-vous sur mon bras;
Quelques instants de marche en cette forêt sombre
Pourront calmer vos sens trop agités!...

FERDINAND, soupirant.

Hélas!

LA REINE.

Et l'on ne peut tarder à rejoindre nos pas.

FERDINAND, avec égarement.
Tout à l'heure, et de loin, j'avais cru voir son ombre
Glisser rapidement sous ces arbres!

LA REINE.
Qui donc?
Quel fantôme a soudain troublé votre raison?

FERDINAND, vivement.
Un fantôme!... oh! non... non...
Taisez-vous!

CARLO, assis au pied de l'arbre, et tournant le dos à la reine et à Ferdinand, se met à chanter un air sans paroles.
Tra, la, la, la, la,
Tra, la, la, la, la.

FERDINAND, à la reine qui veut aller à Carlo.
Écoutez!

CARLO.
Tra, la, la, la, la,
Tra, la, la, la, la.

FERDINAND, avec égarement.
Ah! ce n'est pas possible!
Et cet air! ces accents!... Qui donc est près de nous?

LA REINE.
Un jeune paysan, à l'air timide et doux...

FERDINAND, brusquement.
Qu'il approche!...

(La reine fait signe à Carlo d'approcher.)

CARLO, à part.
Quel est ce monsieur irascible,
A la barbe en désordre, aux habits négligés,
Auprès de cette dame et si belle et si fière?

FERDINAND, à Carlo.
Cet air que tu chantais... qui te l'apprit?

CARLO.
Ma mère
Qui, près de nos berceaux par elle protégés,

Le disait tous les soirs...

FERDINAND, brusquement.

Fais-moi venir ta mère !

CARLO.

Hélas ! elle n'est plus, et je suis orphelin !

FERDINAND.

Ah ! pardon !...

(Après un instant de silence.)

Viens ici.

(A voix basse.)

Redis-moi ce refrain ;

Le veux-tu ?

CARLO.

Volontiers.

ROMANCE.

Premier couplet.

Ferme ta paupière ;
Dors, mon pauvre enfant !
Ne vois pas ta mère
Qui prie en pleurant !
Plaignez sa misère
Et secourez-la,
Dame noble et fière,
Brillante señora.

Donnez, donnez, sur cette terre,
Dieu, dans le ciel, vous le rendra !

Ensemble.

Tra, la, la, la, la,
Tra, la, la, la, la,
Tra, la, la, la, la,
Tra, la, la, la, la,
La, la !

FERDINAND.

Ah ! sa voix douce et pure
A calmé tous mes sens ;

C'est elle, je le jure,
C'est elle que j'entends !

LA REINE.

Ah ! sa voix douce et pure,
Ses célestes accents,
Des douleurs qu'il endure
Ont calmé les tourments.

FERDINAND, à part.
Dans mon cœur le calme renait.

LA REINE, à Carlo qui veut s'éloigner.
Encor, je t'en supplie... encore un seul couplet !

CARLO.

Deuxième couplet.

O grands de la terre !
O riches seigneurs !
Que notre prière
Arrive à vos cœurs !
Si ma plainte amère
Vous blesse déjà,
A notre misère
Hélas, pardonnez-la !

A qui pardonne sur la terre
Dieu, dans le ciel, pardonnera !

Tra, la, la, la, la,
Tra, la, la, la, la,
Tra, la, la, la, la,
Tra, la, la, la, la,
La, la !

FERDINAND.

Ah ! sa voix douce et pure
Rend la paix à mes sens ;
C'est elle, je le jure,
C'est elle que j'entends !

LA REINE.

Ah! sa voix douce et pure,
Ses célestes accents,
Des douleurs qu'il endure
Ont calmé les tourments!

FERDINAND.

Ah! je me sens mieux... bien mieux... Je reviens à moi, je me reconnais... C'est vous, madame, dont la tendresse assidue...

LA REINE, lui montrant Carlo.

Silence!...

FERDINAND, à Carlo.

Quant à toi, parle... Je ferai pour toi tout ce que tu me demanderas...

CARLO, le regardant.

S'il en est ainsi, je demande...

FERDINAND.

Eh bien!...

CARLO.

Que vous fassiez votre barbe et que vous ayez un habit plus beau pour donner le bras à une si belle dame...

LA REINE.

Y penses-tu?

CARLO.

Eh, oui! ça n'a pas de raison... ça n'est pas convenable.

LA REINE.

Silence!

FERDINAND, se regardant.

Il dit vrai... (A Carlo.) Ce que tu me demandes, je le ferai...

CARLO.

Et m'est avis que vous ferez bien. (Regardant plusieurs seigneurs de la cour, qui se tiennent respectueusement à quelques pas de distance.) Quels sont ces messieurs, qui nous ôtent leurs chapeaux?... Ils sont bien honnêtes!

FERDINAND, les saluant de la main.

Salut, messieurs! (A un des seigneurs qui est habillé de noir.) Salut, Fray Antonio... Nous ne retournerons point avec vous à Madrid, car nous comptons suivre la chasse en voiture.

FRAY ANTONIO, s'avançant, étonné et à demi-voix.

Quoi!... Votre Majesté...

FERDINAND.

Oui... il y a longtemps que je ne me suis senti aussi bien...

FRAY ANTONIO, à lui-même.

C'est d'un mauvais augure!... cela va mal pour nous.

FERDINAND.

Malgré cela, je ne serais pas fâché de me reposer quelques instants à la posada des *Armes de Castille*. (A la reine.) Venez-vous, madame?...

LA REINE.

Je vous rejoins!...

(Fray Antonio et les seigneurs sortent avec le roi, qu'ils entourent.)

SCÈNE VI.

CARLO, LA REINE.

LA REINE, à Carlo, qui veut aussi s'en aller, et lui faisant signe de rester.

Un mot encore.

CARLO.

Pardon, madame, mais voici la nuit... et il faut que je me rende au monastère des Hiéronymites... Je suis l'organiste du couvent, et si je rentrais trop tard... l'angélus ne pourrait pas être chanté en musique.

LA REINE.

Ton nom ?

CARLO.

Carlo Broschi.

LA REINE.

Espagnol ?

CARLO.

Non, madame, Napolitain... et quand nous sommes venus chercher fortune en Espagne... j'étais, quoique bien jeune, le plus âgé de la famille... Ma pauvre mère est morte, et je suis resté avec mes trois sœurs, que j'ai juré d'élever et d'établir.

LA REINE.

Tu as fait là une belle action.

CARLO.

Du tout, madame ; j'ai fait mon devoir, et le devoir avant tout...

LA REINE.

Eh bien ! Carlo, tu es un honnête et loyal garçon, qui mérite de prospérer...

CARLO.

Ma mère me l'a dit, et j'y compte.

LA REINE.

Et ta confiance en elle ne sera pas trompée... Écoute-moi... Tu as fait ce que depuis longtemps personne n'avait pu faire... Par tes chants, tu as procuré quelques instants de calme et de bonheur à une personne qui m'est plus chère que la vie... Tu ne me quitteras plus ; je t'emmène à Madrid.

CARLO.

Oh ! non, madame, ça n'est pas possible...

LA REINE.

Et pourquoi ?

CARLO.

Il faut que je vienne ici tous les jours chanter pour rien à Notre-Dame-des-Bois... Je l'ai promis.

LA REINE.

Pour quelle raison ?

CARLO.

Pour payer la pension de Casilda, à qui on a donné asile et protection ; Casilda, ma sœur, qu'un grand seigneur de Madrid voulait enlever et séduire !

LA REINE, vivement.

Ce seigneur, quel est-il ?

CARLO.

Je n'en sais rien... sans cela, j'aurais été demander justice...

LA REINE.

Au roi ?...

CARLO.

Non... car ils disent tous qu'il est fou... ou à peu près... mais je me serais adressé à la reine, qui a de la tête et du cœur... et elle m'aurait écouté... n'est-ce pas ?

LA REINE.

Mieux que cela !... elle t'écoute en ce moment...

CARLO.

Comment ! que voulez-vous dire ?

LA REINE.

Que la reine, c'est moi !

CARLO.

Vous ! Ah ! pardon, madame... pardon !

LA REINE.

Relève-toi, et silence avec tout le monde sur ce qui s'est passé entre nous... Tu vas dire à l'abbesse que c'est moi qui me charge de la pension de ta sœur, et tu viendras après me rejoindre... là, aux *Armes de Castille*... A notre retour de la chasse, je te dirai ce que j'attends... ce que je veux de toi...

CARLO, à genoux et priant.

O ma mère !

LA REINE.

M'entends-tu ?

CARLO.

Très-bien... Mais je n'en puis revenir encore !

LA REINE, lui tendant la main avec bonté.

Va, mon enfant... va vite.

(Carlo lui baise la main, la regarde encore, et entre vivement dans le couvent à droite.)

SCÈNE VII.

LA REINE le regarde sortir, au moment où paraissent GIL VARGAS, RAFAEL et QUELQUES SEIGNEURS.

GIL VARGAS, à Rafaël.

La voilà !... c'est la reine... Profitez du hasard qui vous la fait rencontrer seule.

(Tous deux s'inclinent respectueusement.)

LA REINE.

Que voulez-vous ?

RAFAEL, timidement.

Un instant d'audience particulière de Votre Majesté.

(La reine fait signe à Vargas de s'éloigner; celui-ci se retire par le fond du théâtre, et disparaît dans la forêt; puis elle dit à Rafaël pendant que les seigneurs se retirent de quelques pas en arrière.)

LA REINE.

Parle ; qui es-tu ?

RAFAEL.

Don Rafaël d'Estuniga, gentilhomme qui voudrait entrer dans les armées du roi... mais il n'est pas assez riche pour se faire tuer au service de Votre Majesté... il n'a pas de quoi acheter un grade!

LA REINE.

Et tu en voudrais un ?

RAFAEL.

Pour aller me battre dans les Pays-Bas, comme enseigne d'abord...

LA REINE.

C'est bien !

RAFAEL lui présente un papier qu'il tient à la main.

Et Votre Majesté verra que je ne suis pas tout à fait indigne de ses bontés... Je suis recommandé par les personnes les plus respectables... le vénérable Fray Antonio... grand inquisiteur...

LA REINE, avec ironie.

Vraiment !

RAFAEL.

En voici la preuve.

LA REINE de même.

Je savais bien que le grand inquisiteur disposait à son gré de toutes les places ; j'ignorais que Sa Révérence voulût aussi envahir nos armées... S'il en est ainsi, don Rafaël d'Estuniga, qu'il vous nomme lui-même... Ceux qui sont protégés par mes ennemis ne sauraient l'être par moi... (Déchirant le papier qu'il lui a remis) et nous ne pouvons rien pour vous.

(On entend le son du cor : paraissent plusieurs seigneurs et piqueurs portant des flambeaux; ils viennent chercher la reine, qui sort avec eux. La forêt devient tout à fait obscure, et pendant le récitatif suivant, on entend dans le lointain le bruit de la chasse qui s'éloigne dans la forêt.)

SCÈNE VIII.

RAFAEL, seul.

AIR.

Nouveau refus encor, je l'aurais parié !
Du grand inquisiteur le pouvoir redoutable
Ne peut vaincre le sort dont la rigueur m'accable,
Et la terre et le ciel sont pour moi sans pitié !
Eh bien ! donc, à l'enfer il faut que je m'adresse ;
Il faut lui demander les honneurs, la richesse
    Que l'on me refuse ici-bas !
(Regardant autour de lui.)
Voici le chêne !...
              (On entend sonner dix heures.)
      Et l'heure !... Allons, ne tremblons pas !

    Asmodée !
Gentil lutin,
Esprit malin,
C'est dans ta main
Qu'est mon destin.
De ces forêts
L'ombrage épais
Cache tes traits ;
Viens ! apparais !

    Asmodée !
De toi je veux
Destin joyeux,
Richesse, honneur
Et du bonheur !
Par ton secours,
Que les amours
De tous mes jours
Charment le cours !

    Asmodée !
Que ma fureur soit par toi secondée !

Asmodée!... Asmodée!... Asmodée!...
Eh! mais, rien ne paraît, je crois!
Et cependant voilà trois fois...
En voilà six, que je l'appelle!
Démon têtu!... démon rebelle,
Veux-tu me répondre à l'instant!
Ou je vais...

(S'arrêtant.)

Non, c'est imprudent ;
Lorsque l'on a besoin des gens que l'on appelle,
Il faut leur parler poliment,
Bien poliment!... et doucement!

(Otant son chapeau.)

Gentil lutin,
Esprit malin,
C'est dans ta main
Qu'est mon destin !
De ces forêts
L'ombrage épais
Cache tes traits...
Viens, apparais !

Asmodée!!!
De toi je veux
Destin joyeux,
Richesse, honneur
Et du bonheur !
Par ton secours,
Que les amours
De tous mes jours
Charment le cours...

Asmodée!!!
Asmodée! Asmodée!
Tout me repousse et me dédaigne!... Et quoi!
Même jusqu'à Satan qui ne veut pas de moi!

SCÈNE IX.

CARLO, sortant du couvent à droite, RAFAEL, à gauche.

DUO.

CARLO, entendant les derniers mots, à part.

Qu'entends-je!... ô ciel!

RAFAEL, appelant à haute voix.

Asmodée!... Asmodée!

CARLO, à part et se glissant près de l'arbre.

C'est Rafaël! celui dont l'amour s'est donné
A Casilda ma sœur!

RAFAEL, à voix haute.

Tu veux toujours te taire?

CARLO, à part.

Pauvre jeune homme!

RAFAEL, à haute voix.

Et bien! dussé-je être damné!
J'en jure ici par celle qui m'est chère,
(Tirant son poignard.)
Si tu ne réponds pas, je me tue!

CARLO à part.

Ah! grands dieux!
(Sortant vivement de derrière le grand chêne et d'une voix timide.)
Me voici, maître!

RAFAEL.

Enfin!... c'est bien heureux!

Ensemble.

CARLO, à part.

Dieu qui m'entends, pardonne
La ruse où j'ai recours!
Mais quand tout l'abandonne,

Il faut sauver ses jours!
Sauvons d'abord ses jours!

RAFAEL, à part.

J'hésite et je frissonne,
Mais c'est mon seul recours!
A lui je m'abandonne,
S'il vient à mon secours!
Qu'il vienne à mon secours!

Te voilà donc!... tu t'es fait bien attendre!

CARLO.

A vos désirs, maître, je viens me rendre;
Que faut-il?

RAFAEL.

Je veux voir combler tous mes souhaits.

CARLO.

Et pour jouir d'un pareil privilége,
Que me donnerez-vous?

RAFAEL.

Moi!... que te donnerais-je?
Puisque, hélas! je n'ai rien!

CARLO, timidement.

Votre âme?

RAFAEL, vivement.

Non, jamais!
Je suis bon catholique... Espagnol...

CARLO, à part.

Très-bien...

(Haut.)
Mais
Je ne puis vous servir pourtant sans intérêts.

RAFAEL.

C'est juste!... un serviteur doit recevoir des gages!
Eh bien! ce que par toi je gagnerai, mon cher,
Nous le partagerons!

CARLO, souriant.

Le cadeau n'est pas cher!
N'importe! je l'accepte!... Ainsi donc tu t'engages...

5.

RAFAEL.

A tout partager... tout... avec toi... de moitié !

CARLO, à part.

De moitié ! Le pacte est admirable !

RAFAEL.

Ah ! c'est charmant !... avec le diable,
Me voilà donc associé !

Ensemble.

RAFAEL.

Sorcellerie
Et diablerie,
Je vous confie
Tout mon espoir !
O douce ivresse,
J'aurai sans cesse
Et la richesse
Et le pouvoir !

CARLO.

Sorcellerie
Et diablerie,
Il vous confie
Tout son espoir !
Par ma promesse,
Il croit sans cesse
A la richesse
Comme au pouvoir !

CARLO.

Parle, alors.

RAFAEL.

Je veux donc, dans mon ardeur guerrière,
Un brevet d'enseigne.

CARLO, souriant.

Ah ! vraiment !
Cela ne se partage guère ;
N'importe, tu l'auras !... Mais songe à ton serment !
Garde-toi, désormais, d'attenter à ta vie...

RAFAEL.

Je l'ai juré !

CARLO.

Du pacte qui nous lie
Ne dis rien !... Mais surtout sois honnête et prudent !
Conduis-toi bien !

RAFAEL.

Surprise sans égale !
Le diable qui me prêche et me parle morale
Mieux que mon précepteur ! D'honneur, c'est étonnant !

(On entend le son des cors qui se rapproche.)

CARLO, à part.

Mais la chasse revient, et la reine m'attend !

CARLO et RAFAEL.

De moitié !... de moitié... je tiendrai mon serment !

Ensemble.

RAFAEL.

Sorcellerie
Et diablerie,
Je vous confie
Tout mon espoir
J'ai sa promesse,
J'aurai sans cesse
Et la richesse
Et le pouvoir !
A bientôt !... au revoir !
Au revoir !

CARLO.

Sorcellerie
Et diablerie.
Il vous confie
Tout son espoir.
Par ma promesse,
Il croit sans cesse
A la richesse,
Comme au pouvoir !

Adieu, bonsoir !
Au revoir !
Bonsoir !

(Pendant cet ensemble, le bruit de la chasse a toujours été en crescendo ; des piqueurs, avec des flambeaux, paraissent à gauche et se répandent dans la forêt. Carlo vient de reprendre, sur le banc de gazon, son manteau noir dont il s'enveloppe. Il fait un dernier signe de la main à Rafaël étonné ; puis s'élançant au milieu des piqueurs disparaît avec eux.)

ACTE DEUXIÈME

Une salle du palais du roi à Madrid. — Grande porte au fond et quatre portes latérales.

SCÈNE PREMIÈRE.

A gauche, LE ROI FERDINAND, dans un grand fauteuil et dormant, tandis que FRAY ANTONIO et LES COURTISANS sont debout derrière lui, dans une attitude respectueuse. A droite, LA REINE assise, environnée de SES FEMMES. Debout, près d'elle, se tient CARLO, en costume de page et richement habillé.

LE CHOEUR.
Il dort, il dort!... que dans un doux repos
Il rêve le bonheur et l'oubli de ses maux !

LA REINE, bas à Carlo.
Quel changement, depuis trois mois!

CARLO.
Il va mieux chaque jour!

LA REINE.
Oui, le mal qui l'oppresse
Semble se dissiper aux accents de ta voix!

CARLO.
Plus d'accès de fureur!

LA REINE.
Plus de sombre tristesse!

LE CHŒUR.

Il dort! il dort!... que dans un doux repos
Il rêve le bonheur et l'oubli de ses maux!

LA REINE, bas à Carlo.

Il veut même sortir et médite un projet
Qui m'effraie!

CARLO.

Et lequel?

LA REINE.

Notre ennemi secret,
Le grand inquisiteur, sur lui cherche à reprendre
Son empire!

CARLO.

Et comment?

LA REINE.

Au sermon solennel
Qu'on prononce aujourd'hui Ferdinand doit se rendre;
Il l'a promis.

(On entend sonner dix heures; le roi s'éveille.)

FRAY ANTONIO, s'adressant au roi.

Voici le sermon, Sire!

LA REINE, à Carlo.

O ciel!

CARLO, bas à la reine.

Ne craignez rien!

LE ROI, se levant et s'appuyant sur le bras de l'inquisiteur.

Allons! partons!

(Carlo, qui est debout près du fauteuil de la reine et qui tient une mandoline, se met à en jouer et s'accompagne en chantant. Le roi s'arrête et écoute.)

CARLO, chantant.

COUPLETS.

Premier couplet.

Qu'avez-vous, comtesse?
Et pourquoi cette pâleur?

D'où vient la tristesse
Qui flétrit tant de fraîcheur?
Je crains pour votre vie!
Ah! je vous en supplie!...
Prenez ce médecin
Napolitain
D'un savoir certain!

FRAY ANTONIO, au roi qui écoute.

Mais, Sire, le sermon...

LE ROI.

Dans un instant!...

(A Carlo.)
Achève ta chanson!

CARLO, gaîment.

Signora
Ammalata,
Me voilà!
Chacun dira :
C'est Bellafior,
Il gran dottor,
Il salvator
Delle
Donzelle!
A ces yeux
Si langoureux,
A cette mine
Si chagrine,
Ho veduto,
Presto, presto,
D'où provient ce mal
Fatal!
Un ignorant eût ordonné
De la rhubarbe et du séné;
Mais moi, j'ai pour guérir
Su découvrir
Un élixir...
La joie et le plaisir!

FRAY ANTONIO.

Mais, Sire, le sermon divin
Est commencé!...

LE ROI.

C'est vrai!... Nous entendrons la fin.
Hâtons-nous!

(Il va pour sortir.)

CARLO, reprenant le motif de l'air.

Deuxième couplet.

Une rude épreuve
M'a frappée en mon printemps!
Hélas! je suis veuve,
Et je n'ai que vingt-cinq ans!
Je regrette à toute heure
Le défunt que je pleure,
Et vais bientôt mourir;
Mon cœur martyr
Ne se peut guérir!

FRAY ANTONIO, au roi.

Partons!

LE ROI.

Plus rien que ce passage-là!

CARLO, gaîment.

Signora
Ammalata,
Ve lo giuro,
Vi guariro!
Son Bellafior,
Il gran dottor,
Il salvator
Delle
Donzelle!
Un mari
Vous fut ravi,
Et la tristesse
Vous oppresse.

Pour la bannir
Et pour tarir
Tant de douleurs
Et tant de pleurs,
Un ignorant eût ordonné
De la rhubarbe et du séné!
Mais moi, j'ai là pour vous
Moyen plus doux :
C'est, entre nous,
De prendre un autre époux
Presto, presto,
Un altro sposo.

FRAY ANTONIO.

Mais, Sire, le sermon!

LE ROI, avec impatience.

Eh bien!

FRAY ANTONIO.

Il est fini!

LE ROI, froidement.

Oh! nous pouvons redire alors ce couplet-ci;
Répète-le, Carlo.

CARLO, gaîment.

Signora
Ammalata,
Ve lo giuro, etc.

LE ROI, à Fray Antonio.

Pour réparer un oubli sans pareil,
Que moi-même je déplore,
Aujourd'hui je prétends présider mon conseil.

LA REINE.

Bravo, Sire!

FRAY ANTONIO, à part.

Ah! c'est pis encore!

CARLO, LA REINE et LE ROI.

Signora
Ammalata,

Ve lo giuro,
Vi guariro !
Son Bellaflor,
Il gran dottor,
Il salvator,
Delle
Donzelle !

(Le roi rentre dans ses appartements. Fray Antonio et les seigneurs et dames de la cour sortent par le fond.)

LA REINE, souriant.

L'empêcher d'aller au sermon et le forcer d'aller au conseil !... Depuis trois mois, Carlo, tu as fait des miracles !... Et cependant le roi a encore un secret qu'il nous cache !... Des souvenirs douloureux ou cruels qui l'agitent, et dont le retour produit sur lui un état nerveux voisin de la démence !

CARLO.

Et alors, ce qui diminue bien mon mérite, mes plus jolies cavatines, mes plus beaux airs deviennent impuissants pour le calmer. Il n'y en a qu'un dont l'effet jusqu'ici a toujours été immanquable.

LA REINE.

Celui que tu chantais dans la forêt, le jour de notre première rencontre... Et comment nous acquitter jamais envers toi, notre sauveur ?

CARLO.

Oh ! ne parlez pas ainsi, madame, vous qui avez comblé de vos bienfaits le malheureux paysan, le pauvre organiste, qui l'avez admis dans votre intimité et élevé à un degré de faveur que personne ici ne peut s'expliquer ni comprendre.

LA REINE.

Je ferai plus encore ! Au milieu de toutes les pompes qui t'environnent et auxquelles tu es presque insensible, j'ai parfois surpris des larmes dans tes yeux... je me suis dit : Il pense à sa sœur !...

CARLO, vivement.

C'est vrai !

LA REINE.

Il souffre de son absence.

CARLO.

C'est vrai !

LA REINE.

Et puisque tu ne peux nous quitter d'un instant, puisque tu ne peux aller à elle, elle viendra à toi.

CARLO.

Est-il possible !

LA REINE.

Je la fais sortir de son couvent, je l'attache à ma personne, elle vivra ici.

CARLO.

Eh! quand donc?

LA REINE.

Aujourd'hui!... ce matin. Mais écoute-moi bien!... Nous sommes soumis dans cette cour aux lois d'une rigoureuse étiquette. On murmure déjà de ce que toi, sans nom et sans titres, tu as tes entrées dans nos appartements. Que serait-ce si nous admettions parmi les femmes de notre maison une fille du peuple, une ouvrière ?...

CARLO, vivement.

Ah! je ne dirai à personne qu'elle est ma sœur, je vous le jure!

LA REINE.

Elle sera doña Thérésa de Belmonte, c'est le titre que je lui donne et qu'elle gardera ! La reine d'Espagne peut anoblir.

CARLO, s'inclinant.

Ah! madame...

LA REINE.

Quant à toi, Carlo, puisqu'on tient tant à connaître tes titres, nous te présenterons dès demain à toute la cour comme notre premier maître de chapelle.

CARLO, avec impatience.

Et ma sœur, madame, ma sœur!... Vous daignez me dire...

LA REINE.

Que le grand maître du palais, le comte de Médrano, qui m'est dévoué, a été la chercher ce matin à Notre-Dame-des-Bois, et je lui ai ordonné, pour la soustraire aux regards, de la conduire jusqu'ici par un escalier dérobé et par cette porte secrète où tu l'attendras... et tu l'amèneras dans mon appartement.

CARLO.

Je comprends, madame, et il est d'autant plus utile de cacher son arrivée, qu'il n'y a peut-être qu'une seule personne qui pourrait la reconnaître, et cette personne est justement au palais.

LA REINE.

Et qui donc?

CARLO.

Don Rafaël, mon protégé!... celui à qui, il y a trois mois, vous avez daigné accorder ce grade d'enseigne...

LA REINE.

Que je lui avais d'abord refusé... et je vois encore son étonnement...

CARLO, à part.

Je crois bien!

LA REINE.

En recevant ce brevet.

CARLO, à part.

Qu'il a cru venir de l'enfer. (Haut.) Du reste, don Rafaël

d'Estuniga s'est bravement conduit... le jeune et timide élève en théologie s'est battu comme un lion; et le message honorable dont son général l'a chargé près de Votre Majesté...

LA REINE.

Oui, nous l'attendons ce matin.

CARLO.

Tout cela prouve qu'il mérite bien quelque récompense.

LA REINE, lui montrant de la main des papiers qui sont sur la table à gauche.

J'y ai déjà songé; mais toi qui ne demandes jamais rien pour toi... tu l'aimes donc bien?...

CARLO.

Oui, madame... car il aime ma sœur... il l'aime réellement... et quoiqu'il ne puisse jamais être mon frère... malgré moi et sans le vouloir, je l'aime comme tel...

LA REINE.

Silence!... on vient!

SCÈNE II.

CARLO, LA REINE, UN HUISSIER, annonçant.

L'HUISSIER.

Don Rafaël d'Estuniga, enseigne au régiment de la reine!

LA REINE, qui s'est assise sur un fauteuil à gauche, ayant Carlo debout à sa droite.

Qu'il approche!

RAFAEL, mettant un genou en terre.

J'apporte à Votre Majesté les dépêches de mon général.

LA REINE.

Et c'est vous qu'il a chargé d'une mission aussi importante, vous un simple enseigne...

RAFAEL, timidement.

Oui, madame.

LA REINE.

Cela n'est pas juste!... Relevez-vous, capitaine Rafaël!

RAFAEL, étonné.

Qu'entends-je! (Levant les yeux et apercevant Carlo revêtu d'habits magnifiques, debout à côté de la reine, il pousse un cri.) Ah! (A part.) Asmodée!

LA REINE.

Qu'avez-vous donc ?

RAFAEL, balbutiant.

Le trouble, l'étonnement... (A part.) C'est-à-dire, non... cela ne m'étonne plus!

LA REINE, prenant le brevet et un autre papier des mains de Carlo.

Et voici le brevet que vous avez mérité; et de plus, pour son équipement, un jeune capitaine peut avoir besoin de quelques centaines de piastres... ce bon sur le trésor vous prouvera que... nous y avons songé.

(Elle lui donne un second papier.)

RAFAEL, s'inclinant.

Ah! madame...

LA REINE.

Adieu, capitaine... adieu...

(Elle sort.)

RAFAEL, stupéfait.

Je ne puis en revenir encore... un brevet de capitaine... un bon sur le trésor! me voilà riche maintenant; je peux chercher par toute l'Espagne et découvrir celle que j'aime!...

CARLO, à part.

Enlever ma sœur!... imprudent!... (Haut et tendant la main.) Un instant... Et ma part?

RAFAEL, étonné.

Comment?...

CARLO.

J'ai tenu mes promesses, à toi de tenir les tiennes. (Lui montrant le brevet et le bon sur le trésor.) Ce que tu voudras, l'un ou l'autre!

RAFAEL.

C'est juste!... C'est dommage... mais un gentilhomme n'a que sa parole. (Regardant le brevet.) A moi la gloire... (Donnant le bon à Carlo.) A toi la richesse!...

CARLO.

Adieu! capitaine. Adieu!

(Il présente la main à Rafaël.)

RAFAEL, sans lui donner la main qu'au contraire il retire.

Adieu! adieu!

SCÈNE III.

RAFAEL, puis VARGAS.

RAFAEL, regardant sortir Carlo.

Allons! allons, et quoique mon associé soit un peu cher, c'est égal... je ne me plains pas de mon marché. (Se retournant.) Qu'est-ce que je vois?... mon vieux précepteur, avec la chaîne d'or!

VARGAS.

Oui, mon élève! un des douze huissiers du palais! Voilà, malgré ses promesses, tout ce qu'a fait pour moi le grand inquisiteur!...

RAFAEL.

Huissier du palais!... De quoi te plains-tu? te voilà dans le sanctuaire du pouvoir!

VARGAS.

J'y fais entrer tout le monde et je reste à la porte! encore le grand inquisiteur ne m'y a-t-il placé que comme baromètre.

RAFAEL, étonné.

Comment cela?

VARGAS.

Pour savoir par moi la hausse et la baisse de la faveur royale, être au fait de ce qui se passe à la cour et connaître ceux qui s'en vont... ou ceux qui arrivent... Il paraît que vous êtes de ceux-ci.

RAFAEL.

C'est vrai!...

VARGAS.

Et que vos affaires vont bien!...

RAFAEL.

A merveille!... je suis au pinacle!... mais c'est que je ne me suis point adressé à un grand inquisiteur... au contraire... et j'ai pour moi un protecteur bien autrement puissant que Fray Antonio et que la reine elle-même!...

VARGAS, l'embrassant.

Ah! mon élève! mon cher élève... si vous pouviez lui parler pour moi... cela arriverait bien à point... car je suis dans une position... fâcheuse... pour ne pas dire plus...

RAFAEL.

Dis la vérité...

VARGAS.

C'est que le récit est assez difficile... surtout pour moi, votre précepteur.

RAFAEL.

Tu ne l'es plus, et je suis officier...

VARGAS.

C'est juste... Vous saurez donc que j'ai toujours éprouvé un dévoûment sans bornes pour les gens qui étaient en passe de s'élever, et un instinct irrésistible me poussait à m'y accrocher pour arriver avec eux...

RAFAEL.

Il me semble que cela s'appelle de l'ambition...

VARGAS.

Une noble ambition. C'est pour cela que je m'étais d'abord donné corps et âme à votre oncle... qui m'a promis de penser à moi quand il cesserait de vivre... mais comme il continue toujours... je me suis en attendant donné au grand inquisiteur, Fray Antonio, corps et âme...

RAFAEL.

Tu en as donc plusieurs ?...

VARGAS.

Non... toujours la même ! Or, Fray Antonio, qui cherchait tous les moyens de diminuer le pouvoir de la reine, découvrit que, sans se l'avouer et presque sans le savoir, le roi était amoureux.

RAFAEL.

Le roi !

VARGAS.

Le roi lui-même, dont l'auguste tête n'a jamais été bien forte... une passion idéale, vaporeuse, platonique, une jeune fille que, des allées de son parc, il admirait en cachette et entendait chanter tous les soirs... On eut alors l'idée de la conduire incognito à Aranjuez... Pour cela, il fallait l'enlever... et c'est moi que l'on chargea de cette mission délicate et honorable... Je ne vous dirai pas comment, un quart d'heure après son arrivée, la jeune fille parvint à s'évader, et comment, ne pouvant plus retrouver ses traces, on annonça au roi qu'elle était morte... nouvelle qui le jeta dans des accès de fureur ou de mélancolie... Ce n'est pas là l'important ; le voici.

RAFAEL.

A la bonne heure !

VARGAS.

C'est que Fray Antonio, qui m'avait promis pour récompense une place importante dans la maison du roi, Fray Antonio voit tous les jours sa fortune diminuer...

RAFAEL.

Ainsi que ton dévouement?...

VARGAS.

C'est tout naturel... non-seulement il ne tient pas ses promesses... car qu'est-ce que c'est qu'une place d'huissier?... mais bien plus... je vois, je devine... à certains mots qui lui sont échappés, que si l'affaire de l'enlèvement venait à se découvrir, ce qui ne tardera peut-être pas... c'est moi qu'il en accusera.

RAFAEL.

Tu crois qu'il serait capable...

VARGAS.

De tout!...

RAFAEL.

Et qui te fait penser qu'un tel secret se découvrira?

VARGAS.

Tout ce qui arrive depuis trois mois; car il semble que le diable se mêle de nos affaires!

RAFAEL, gaîment.

Vraiment! des tiennes aussi?...

VARGAS.

Le roi qui était malade, se porte bien... la reine, qui était en disgrâce, revient en faveur... l'inquisiteur, exilé du conseil, est à peine admis chez Leurs Majestés... et, en revanche, un petit jeune homme, sans barbe au menton, et qui vient de je ne sais où, un intrigant que nul ne connaît, entre à toute heure, sans se faire annoncer, chez le roi et chez la reine, et exerce ici une influence incompréhensible, et qui tient du prodige!

RAFAEL, étonné.

En vérité!

VARGAS.

Tout à l'heure encore, il était dans cet appartement, en tête-à-tête avec la reine.

RAFAEL, vivement.

Tu crois?...

VARGAS.

Je viens de le voir sortir...

RAFAEL.

Pourpoint rouge, manteau noir!...

VARGAS.

Justement!

RAFAEL, riant.

Ah!... ah!... ça ne m'étonne pas... tout s'explique...

VARGAS, étonné.

Comment?

RAFAEL.

Rien de plus naturel... c'est lui... c'est mon protecteur... ou plutôt mon associé...

VARGAS.

Que voulez-vous dire?

RAFAEL, à demi-voix.

C'est Asmodée...

VARGAS.

Allons donc!...

RAFAEL.

Asmodée lui-même, que tu voulais m'empêcher d'évoquer au carrefour de la forêt... et je l'ai fait... et il est venu à ma voix...

VARGAS.

Ce n'est pas possible!

RAFAEL.

Pas possible!... est-il ignorant, mon précepteur, ou plutôt incrédule!... Mais puisqu'il faut te convaincre...

VARGAS.

Cela me fera plaisir...

RAFAEL.

C'est lui qui m'est apparu en paysan dans la forêt, et que j'ai trouvé tout à l'heure couvert d'habits magnifiques et se tenant à la droite de la reine... c'est lui qui m'a fait obtenir mon brevet d'enseigne... et là-bas à l'armée, devant les balles et les boulets, ils hésitaient... moi je m'élançais sans crainte...

VARGAS, effrayé.

Ah! mon Dieu! vous faire tuer!...

RAFAEL.

C'est ce qu'ils disaient tous... et tu le vois... pas une blessure... mais, en revanche, de la gloire, des honneurs... le brevet de capitaine... (Le tirant de sa poche.) Lis plutôt...

VARGAS.

C'est à confondre... et pourtant...

RAFAEL.

Et si tu veux que je te présente et qu'il te protége...

VARGAS.

Voulez-vous vous taire!...

RAFAEL.

C'est un peu cher... cinquante pour cent... moitié dans les bénéfices...

VARGAS, voyant s'ouvrir les portes du fond.

Silence... on vient... et l'inquisition?...

RAFAEL.

Bah!... l'inquisition, ça nous est bien égal à nous autres!...

(Vargas lui met la main sur la bouche et regarde ceux qui entrent.)

VARGAS.

Ce sont les officiers des gardes qui, en attendant la messe du château, viennent jouer comme à l'ordinaire.

SCÈNE IV.

Officiers, VARGAS, RAFAEL.

LES OFFICIERS.

Des jours de la jeunesse
Hâtons-nous de jouir !
Arrière la sagesse,
En avant le plaisir !

(Les jeunes officiers entourent une table à gauche, sur laquelle ils jettent de l'or et roulent des dés.)

VARGAS, les regardant.

Ah ! le tapis se couvre d'or !

RAFAEL.

Je veux te prouver sans réplique
Quel pouvoir secret et magique
Me guide et veille sur mon sort.
Comme enseigne, je viens de recevoir ma paye,
Quarante beaux ducats, et je veux les doubler.

(Lui présentant sa bourse.)

Va les jouer !... et que rien ne t'effraye !

VARGAS, hésitant.

Quatre ou cinq seulement...

RAFAEL, lui tendant sa bourse.

Prends !

VARGAS, prenant quelques pièces d'or.

Voyons, que j'essaye !
Car son aplomb commence à me faire trembler !

(Il s'approche de la table à gauche et a l'air de demander aux officiers la permission de jouer, que ceux-ci lui accordent en riant. — Il place son argent. — Chacun fait tour à tour rouler les dés.)

RAFAEL, au milieu du théâtre, regardant en riant le groupe qui est gauche.

COUPLETS.

Premier couplet.

Vous que la sagesse importune,
Que l'aspect de l'or fait rêver,
Venez défier la Fortune...
Elle aime qui sait la braver!
Pour que nos jours gaîment s'écoulent,
Que les dés roulent, roulent, roulent!...
 Espérer... c'est jouir!
Vivent les dés et le plaisir!

(Voyant Vargas qui quitte la table et qui vient à lui d'un air joyeux.)
Eh bien! mon cher?...

VARGAS, riant.

Eh bien! que vous disais-je?

RAFAEL, riant.

Gagné!...

VARGAS, de même.

Perdu!

RAFAEL, avec colère.

Perdu!... cela ne se peut point!

VARGAS.

C'est pourtant vrai!

RAFAEL, se frappant le front.

C'est juste, et j'ai tort en ce point;
Ce n'est pas toi! c'est moi que le démon protége.
Et tu vas voir!

VARGAS, effrayé.

Comment!

RAFAEL, passant à la table.

Ces trente-cinq ducats,

D'un seul coup!

LES OFFICIERS.

Nous tenons!

VARGAS, à Rafaël, qui vient de jeter sa bourse sur la table.

Quoi! vous ne tremblez pas?

RAFAEL.

Moi!... je tremble pour eux!

(S'approchant de la table pendant que chacun roule les dés à son tour.)

Deuxième couplet.

L'ardeur qui dévore leur âme
De la mienne vient s'emparer!
On dit que la Fortune est femme,
Ses rigueurs la font adorer!
Gaîment que les heures s'écoulent,
Que les dés roulent, roulent, roulent...
Espérer, c'est jouir!
Vivent les dés et le plaisir!

(Sur la ritournelle du couplet précédent, on présente à Rafaël un cornet où sont des dés. — Il les agite et les roule sur la table, puis s'éloigne sans les regarder, au moment où Carlo entre par la porte de droite.)

LES OFFICIERS, regardant.

Gagné!

VARGAS, reprenant la bourse de Rafaël et l'argent qu'il vient de gagner, le lui portant.

Gagné! grand Dieu!

RAFAEL.

Mais c'était immanquable;
Et tu vas voir encor!...

CARLO, à part.

Le malheureux, hélas!
Va tout perdre à la fois!

RAFAEL.

Soixante-dix ducats!...

CARLO, l'arrêtant par la main.

Non, trente-cinq!

RAFAEL, étonné.

Comment?

CARLO.

Et ma part!

RAFAEL, se grattant l'oreille.

Ah!... ah! diable!...
C'est ennuyeux!... mais c'est de droit, et les voici!...

(Il les met sur la table.)

VARGAS.

Que faites-vous?

RAFAEL, à demi-voix.

C'est lui!

(On entend sonner midi à l'horloge du château.)

LES OFFICIERS.

Messieurs, l'heure a sonné, partons!

VARGAS, stupéfait et regardant Carlo des pieds à la tête.

C'est lui!

RAFAEL.

C'est lui!

Ensemble.

LES OFFICIERS.

Des jours de la jeunesse
Hâtons-nous de jouir!
Arrière la sagesse,
En avant le plaisir!

VARGAS.

Ruse et coupable adresse,
Que je veux découvrir!
Sinon, de sa faiblesse
On va tout obtenir!

RAFAEL.

Ce démon plein d'adresse
Par moi va s'enrichir.
Aux dépens de ma caisse
La sienne va s'emplir!

(Les officiers sortent par la porte du fond.)

SCÈNE V.

VARGAS, RAFAEL, CARLO.

CARLO, à part, ramassant l'argent sur la table.
C'est toujours cela de sauvé! je lui fais des économies...

VARGAS, à Rafaël.
Comment! vous les lui laissez prendre?

RAFAEL.
Il le faut bien... c'est convenu!

VARGAS, à demi-voix.
Mais ce prétendu Asmodée est un fourbe, un chevalier d'industrie, qui veut s'enrichir à vos dépens.

CARLO, à Rafaël.
Voilà ce qui te revient... tes trente-cinq ducats!

RAFAEL, à part.
Au fait, et jusqu'à présent, il n'a pas fait avec moi de mauvaises affaires...

CARLO.
Et pourquoi jouais-tu? qu'en avais-tu besoin?

RAFAEL.
Tu as raison... Il me fallait un millier de pistoles, pour un projet que je médite... l'entreprise la plus douteuse, la plus hasardée... et j'étais bien bon de me donner tant de peine, quand tu es là pour la faire réussir!

CARLO, à part.
Ah! mon Dieu!

VARGAS, haussant les épaules.
Vous croyez?...

RAFAEL, à Vargas.
Oui... oui... il n'a qu'un mot à dire, un geste à faire...

VARGAS.

Je serais curieux de voir cela !

CARLO, à part, en riant.

Et moi je crains que le démon se trouve en défaut...

RAFAEL, à Carlo.

Je voulais, dans tout Madrid, dans toute l'Espagne, commencer mes recherches, et, à tout prix, retrouver la beauté mystérieuse et inconnue qui m'a été ravie... Viens à mon aide... guide-moi... et par ton pouvoir, que je sache où elle est... que je la revoie... (Poussant un cri et sautant au cou de Carlo.) Ah ! tu m'as sauvé !

(La porte secrète vient de s'ouvrir, et paraît Casilda, conduite par le comte de Medrano.)

SCÈNE VI.

LES MÊMES; CASILDA, LE COMTE DE MEDRANO.

VARGAS, stupéfait et tremblant.

Grand Dieu !... cette jeune fille...

RAFAEL, se retournant vers lui.

C'est elle... c'est bien elle... Et te voilà aussi tremblant, ussi interdit que moi !...

VARGAS, à part.

Ce n'est pas sans raison...

RAFAEL, courant à Casilda, avec amour.

Enfin, donc... et après tant d'absence...

CASILDA, à part.

Don Rafaël !...

RAFAEL, passant devant Carlo.

Je vous retrouve... je vous revois !...

DE MEDRANO, passant devant Casilda.

Un instant, mon officier!

(Les acteurs sont placés dans l'ordre suivant, à commencer par la gauche : Vargas, Carlo, Rafaël, de Medrano, Casilda.)

DE MEDRANO.

J'ai ordre de ne laisser personne parler à mademoiselle...

RAFAEL, bas à Carlo.

Quel est cet homme?

CARLO, bas.

Le plus ancien gentilhomme de la chambre!

RAFAEL, de même.

Eh bien! fais-moi un plaisir... enlève et emporte le vieil hidalgo...

CARLO, de même.

Non...

RAFAEL, de même, étonné.

Comment, non!... Et pourquoi?

CARLO, de même.

Dans les services que je te rends, il faut qu'il y ait bénéfice ou avantage pour moi, et qu'est-ce que je ferais de la moitié d'un vieil hidalgo?

RAFAEL.

C'est juste... (S'avançant vers Medrano.) Alors... je vais moi-même... et malgré lui, dire à la señora que...

DE MEDRANO.

Vous allez... vous rendre à l'instant aux arrêts...

RAFAEL.

Et de quel droit?

DE MEDRANO.

Je suis gouverneur du palais, et comme tel je commande ici... (A plusieurs gardes qui entrent.) Conduisez monsieur aux arrêts pour trois jours.

RAFAEL.

Mais...

DE MEDRANO.

Pour quatre...

RAFAEL.

C'est ce que nous verrons...

DE MEDRANO.

Pour huit...

VARGAS, bas à Rafaël.

Imprudent! soumettez-vous sans répliquer.

CARLO, souriant.

D'autant que c'est si vite passé, huit jours d'arrêts...

RAFAEL, vivement.

Non pas, quatre...

CARLO, étonné.

Comment?

RAFAEL.

Et ta part, qui est là... que je te réserve... Tout ce que je gagne doit se partager de moitié... c'est convenu...

CARLO, s'inclinant, en riant.

C'est juste !

RAFAEL, aux gardes.

Je vous suis...

VARGAS, à part.

Il n'y restera pas longtemps... je cours prévenir son oncle... (Regardant Carlo.) Et, avant tout, dénoncer celui-là à la sainte inquisition, sorcier ou non, dans le doute, ça ne peut pas faire de mal...

(Rafaël, que les gardes emmènent, sort par le fond à gauche; Vargas par le fond à droite.)

SCÈNE VII.

CARLO, CASILDA, DE MEDRANO.

DE MEDRANO, à Carlo.

Je la remets entre vos mains, comme on me l'a ordonné, et je vais dire à la reine que ma mission est remplie.

(Il sort par la porte à droite.)

CARLO.

Eh bien! comme te voilà troublée! tu n'es pas encore revenue de ta surprise?...

CASILDA.

Non, mon frère...

CARLO.

Prends garde... ne prononce pas ce nom... D'après l'ordre de la reine, nous devons être inconnus l'un à l'autre...

CASILDA.

Oui, frère... c'est-à-dire, seigneur Carlo...

CARLO.

C'est bien... (Lui prenant la main.) Je me doute que la présence inattendue de ce jeune homme...

CASILDA, naïvement.

Non... je l'attends toujours... Mais cet autre... cet homme... à l'air faux et sinistre... je l'ai bien regardé... et c'est lui... j'en suis sûre... c'est lui...

CARLO.

Qui donc?

CASILDA.

Qui est venu chez la señora Urraca... me chercher dans cette voiture... pour m'enlever et me conduire chez ce grand seigneur...

CARLO.

Un tel crime ne sera pas impuni. (Regardant au fond.) C'est le roi... va lui demander justice contre ton ravisseur.

SCÈNE VIII.

LE ROI, CASILDA, CARLO ; puis LA REINE.

TRIO.

CASILDA, courant au-devant du roi qui entre.
Sire !... Sire !... justice !...

LE ROI, la regardant.

O ciel ! que vois-je !

CASILDA, le regardant, et reculant se réfugier près de Carlo.
O terreur !

LE ROI, reculant de l'autre côté.
O, supplice !

CARLO, à voix basse.

Qu'as-tu donc ?

CASILDA, montrant le roi qui vient de cacher sa tête entre ses mains.
Ce seigneur
Chez qui l'on m'a conduite...

CARLO.
Infâme ravisseur !

CASILDA.

Le voilà !...

CARLO, avec terreur.
C'est le roi !

CASILDA.

Le roi !...

CARLO, à voix basse.
Tais-toi ! tais-toi !

Ensemble.

LE ROI.

Jour d'horreur et d'épouvante !
Son ombre sort du tombeau,
Et se lève menaçante
Pour accuser son bourreau !

CARLO.

O secret qui m'épouvante !
Terrible et fatal fardeau !
Sa voix sombre et menaçante
M'annonce un danger nouveau !

CASILDA.

Jour fatal qui m'épouvante !
Funeste et triste flambeau !
De terreur je suis tremblante ;
Je crains un danger nouveau.

CARLO, passant près du roi, qui est tombé sur un fauteuil, à gauche.

Sire, qui peut ainsi troubler votre raison ?

LE ROI, avec égarement et lui prenant la main.

Tais-toi, ne leur dis pas que ton roi fut coupable,
Que le ciel l'a frappé, que le remords l'accable...
Et ce remords, vois-tu, c'est cette vision...
Ce fantôme fatal qui me poursuit sans cesse...

CARLO.

Cette jeune fille ?...

LE ROI.

Oui... son ombre vengeresse
Me reproche mon crime... Elle est morte par moi !

CARLO.

Non !... elle existe encore... elle existe, ô mon roi !

LE ROI, se levant vivement.

Dis-tu vrai ? Quoi ! le ciel voudrait calmer ma peine !
(La regardant de loin avec amour.)
Quoi ! le ciel la rendrait à mes vœux !...

CARLO, le retenant et lui montrant la reine qui entre.

C'est la reine !

LA REINE, *entrant par la porte à droite, et voyant le roi qui recule à son approche et se cache la tête dans les mains.*

Ah! quel trouble l'agite, et qu'est-ce que je voi!

QUATUOR.

LE ROI.

Jour fatal qui m'épouvante!
Funeste et triste flambeau
Qui dans mon âme brûlante
Fait luire un remords nouveau!
Oui, dans mon âme brûlante,
Je sens un remords nouveau.

LA REINE.

O secret qui m'épouvante!
Du ciel quel arrêt nouveau
Du malheur qui le tourmente
A redoublé le fardeau?

CARLO.

O secret qui m'épouvante,
Terrible et fatal fardeau!
Pour nous, de sa flamme ardente
Je crains un danger nouveau!

CASILDA.

Jour fatal qui m'épouvante,
Funeste et triste flambeau!
De terreur je suis tremblante,
Je crains un danger nouveau!

LA REINE, *bas à Carlo.*

Quelle atteinte nouvelle à trembler nous expose?

CARLO, *de même et avec trouble.*

De ses tourments secrets je sais enfin la cause.

LA REINE, *vivement.*

Tu me les apprendras!

CARLO, *à part, avec effroi.*

Ah! qu'ai-je dit?... Jamais!

LE ROI, de l'autre côté, bas à Carlo.

Tu viendras!... j'ai besoin de te voir, de t'entendre.
(Avec joie.)
Elle existe!...

CARLO, à demi-voix.

Le roi m'a promis de se rendre
En son conseil ?

LE ROI.

Je l'ai dit... et j'y vais !
(A demi-voix.)
Mais nous parlerons d'elle après.
Je t'attends !

LA REINE, bas à Carlo, de l'autre côté.
Je t'attends !

CARLO, entre eux deux.

Mon Dieu, protégez-nous !
(Bas à sa sœur, près de qui il se trouve, pendant que le roi et la reine viennent de remonter le théâtre.)
Ne dis rien à la reine!... et silence avec tous!

TOUS.

O Dieu de clémence
Qui vois mes tourmens,
Rends par ta puissance
Le calme à mes sens !
Longtemps la souffrance
Eprouva mon cœur ;
Rends-moi l'espérance,
Rends-moi le bonheur !

LA REINE, à Casilda.

Viens, ma fille, suis-moi !
(Bas à Carlo.)
Tu m'entends !

LE ROI, de même de l'autre côté.
Tu m'entends !

CARLO, à part.

Ma mère, inspire-moi !

TOUS.

O Dieu de clémence, etc.

(La reine, entendant venir les membres du conseil, entraîne vivement Casilda par la porte à droite. Les conseillers et les inquisiteurs paraissent au fond du théâtre, attendant le roi qui sort avec eux.)

SCÈNE IX.

CARLO, seul et tombant dans un fauteuil.

Que faire, mon Dieu! Comment échapper aux dangers qui de tous côtés nous environnent?... C'est moi que le roi veut prendre pour confident... et c'est de ma sœur qu'il est amoureux!... Ah! mon premier mouvement était de tout avouer à ma providence, à ma protectrice, à la reine!... Mais, pour prix de ses bienfaits, lui porter le coup de la mort, lui apprendre que le roi... que cet époux, unique objet de ses soins et de sa tendresse... Non... non... je ne trahirai personne... je renoncerai à la fortune qui m'attendait, j'emmènerai ma sœur, je la cacherai à tous les yeux... et Rafaël qui l'aime tant, il faut aussi le fuir... et dans son intérêt... lui, rival du roi!... il serait perdu!... Heureux encore qu'il soit aux arrêts pour huit jours... sa présence et ses folies auraient tout compromis!

SCÈNE X.

RAFAEL, CARLO.

RAFAEL.

Me voilà!...

CARLO, effrayé et à part.

Ah çà! c'est lui qui est sorcier! (Haut.) Et vos huit jours d'arrêts!

RAFAEL.

Quatre!

CARLO, avec impatience.

Et qu'importe !

RAFAEL.

Il importe que dans le partage... il n'a pas été dit lequel de nous deux commencerait... et j'aime mieux que ce soit toi...

CARLO.

Moi !...

RAFAEL.

C'est pour cela que, me voyant enfermé, j'ai sauté par la fenêtre.

CARLO.

Ah ! mon Dieu !

RAFAEL.

Et c'était haut... il y avait bien une quinzaine de pieds... mais je me suis dit : Je ne risque rien... il est là qui me soutient... qui me protége...

CARLO, à part.

Il se tuera avec ma protection.

RAFAEL.

Ce n'est pas toi, c'est elle que je cherche... Sans cela, ce ne serait pas la peine de l'avoir fait apparaître pour moi, et tu ne sais pas quel service tu m'as rendu... c'est elle!

CARLO.

Que vous adoriez de vos fenêtres?

RAFAEL, étonné.

Qui te l'a dit?

CARLO.

Que vous alliez voir chez la señora Urraca la couturière?

RAFAEL.

C'est vrai.

CARLO.

Et pour qui enfin vous avez dépensé tout votre argent en ajustements et en robes de cour ?

RAFAEL, riant.

Il sait tout... Au fait, c'est son état.

CARLO, gravement.

Et c'est parce que je sais tout, Rafaël, que je t'engage, moi, ton protecteur... à oublier cette jeune fille... à la fuir...

RAFAEL.

Que me dis-tu là ?

CARLO, lentement.

Si tu la revois encore... si tu lui parles... si ta main touche seulement la sienne... tous les malheurs vont t'accabler.

RAFAEL.

Cela m'est égal...

CARLO.

Tu es perdu à jamais.

RAFAEL, avec impatience.

Et pourquoi ?

CARLO.

Pourquoi ? Eh bien ! puisque je ne peux parvenir à t'effrayer, apprends donc, toi qui te disais bon Espagnol et bon catholique, et qui refusais de me livrer ton âme...

RAFAEL.

Certainement, je refuserais encore...

CARLO.

Apprends donc que, si tu te donnes à elle, ce sera exactement la même chose... car elle est de ma race... de ma famille.

RAFAEL, reculant effrayé.

Elle !... Ah ! l'horreur !

CARLO, allant s'asseoir sur le fauteuil à droite.

Te voilà prévenu...

RAFAEL.

Elle !... une fille de l'enfer... cette simple et naïve ouvrière... à l'air si modeste... et ce matin encore... si belle et si timide sous ce costume de paysanne...

CARLO.

C'est là ce qui t'arrête ?... Nous changeons de forme et de caractère à volonté. (Prenant la main de Rafaël, qui tremble.) Qu'as-tu donc ?

RAFAEL.

Ah ! tu dis vrai !

(En ce moment, et derrière Carlo, qui tourne le dos à la porte à droite, paraît la reine, s'appuyant sur le bras de Casilda, qui est vêtue magnifiquement.)

SCÈNE XI.

RAFAEL, CARLO, LA REINE, CASILDA.

LA REINE.

Nous vous reverrons ce soir, doña Thérésa...

RAFAEL, à part.

Doña Thérésa !...

LA REINE.

Car nous partons ce matin pour Aranjuez. Les voitures et l'escorte nous attendent. Vous m'accompagnerez jusque-là, Carlo...

CARLO, regardant sa sœur. A part.

Ah ! mon Dieu ! les laisser ensemble ! (Haut.) Mais, madame... j'aurais désiré...

LA REINE.

Et moi je désire vous parler... venez. (Pendant que Carlo s'incline et s'approche d'elle.) Doña Thérésa restera avec nos demoiselles d'honneur... elle en a le titre et les droits...

7.

RAFAEL, étonné.

Demoiselle d'honneur de la reine !...

(Carlo, en sortant avec la reine, fait à Rafaël des signes qui lui défendent d'approcher de Casilda.)

SCÈNE XII.

RAFAEL, CASILDA, chacun à l'une des extrémités du théâtre.

DUO.

CASILDA.

Après une si longue absence,
Dieu sait comme il va me parler !...
Mais non... il garde le silence,
Et même il a l'air de trembler.

RAFAEL, qui pendant ce temps a contemplé Casilda avec crainte.

Cet air d'innocence si pure,
Ces yeux si doux, ce doux parler,
D'un démon cachent la figure;
C'est vraiment à faire trembler !

(Casilda fait quelques pas, et Rafaël s'éloigne.)

Ensemble.

CASILDA, l'examinant.

Il me regarde,
Et puis il garde
Un certain air
Hautain et fier !
Sa voix expire,
Puis il soupire...
D'où vient soudain
Ce noir chagrin ?

RAFAEL, l'examinant.

Prenons bien garde !
Plus je regarde...
Son œil si fier
Lance l'éclair !

Et ce sourire
Qui vous attire...
Ah ! c'est certain,
C'est un lutin !

CASILDA, à part.

Je ne saurais, car je suis femme,
Faire les premiers pas...

RAFAEL, de même.

Asmodée a raison !
Tout me dit que c'est un démon,
Et la voir plus longtemps, c'est exposer mon âme...
Fuyons !

(Il fait quelques pas pour sortir et s'arrête.)

CASILDA, à part.

O ciel !

(Haut et le regardant d'un air de reproche.)
Adieu !...

RAFAEL, se rapprochant et dans le plus grand trouble.

Daignez me pardonner,
Mademoiselle... non... madame...
(A part.)
Je ne sais quel nom lui donner...
(Haut.)
Mais... mais...

Ensemble.

RAFAEL, à part.

Prenons bien garde ! etc.

CASILDA, de même.

Il me regarde, etc.

(A haute voix et timidement.)
Il paraît, par un sort étrange,
Que l'air de la cour nous change
Au point de ne pouvoir nous reconnaître !

RAFAEL.

Hélas !
Je vous reconnais bien !

CASILDA, naïvement.
Je ne le croyais pas !

RAFAEL, vivement.
Ah ! vos traits ne sont pas de ceux que l'on oublie !

CASILDA, avec joie.
Vraiment !

RAFAEL, s'animant.
Et le seul point qui pourrait m'étonner,
C'est de vous retrouver encore plus jolie...

CASILDA, baissant les yeux.
Moi ! plus jolie...

RAFAEL, avec entraînement.
Cent fois plus !...
(A part.)
Ah ! je sens que je vais me damner !

Ensemble.

RAFAEL, à part.
C'est égal, je me risque !
Pour quelques mois d'enfer,
Que Satan me confisque
Sous son sceptre de fer !
(A Casilda.)
Vers toi vole mon âme,
Et je veux, sans effroi,
D'une éternelle flamme
Brûler auprès de toi !

CASILDA, à part.
A moi seule est son âme,
Et désormais, je croi,
D'une éternelle flamme
Il brûlera pour moi !

RAFAEL, vivement.
Je sais quel péril me menace

En admirant des yeux si doux !
(La regardant avec amour.)
N'importe, j'aurai cette audace !

CASILDA, étonnée.

Quelle audace ?... que dites-vous ?

RAFAEL, de même.

Je sais quel sera le supplice
De celui qui se donne à toi ;
(La pressant sur son cœur.)
N'importe !... j'éprouve un délice
A me perdre !...

CASILDA, de même.

Vous ! et pourquoi ?

RAFAEL.

L'enfer en mes veines circule ;
Ton regard vient de m'enchaîner !

CASILDA, lui prenant la main.

Rafaël !...

RAFAEL.

Ah ! ta main me brûle !
(A part.)
Je sens que je vais me damner !

Ensemble.

RAFAEL, à part.

C'est égal, je me risque !
Et sous son joug de fer
Que Satan me confisque
Au profit de l'enfer !
(A Casilda.)
Vers toi vole mon âme, etc.

CASILDA.

A moi seule est son âme, etc.

RAFAEL, qui est tombé à genoux.

Oui, quels que soient les dangers qui m'attendent, et dont on m'a menacé...

SCÈNE XIII.

LE ROI, FRAY ANTONIO, LES CONSEILLERS et LES INQUISITEURS entrant par la porte du fond, **RAFAEL, CASILDA.**

LE ROI, qui est entré sur la ritournelle du morceau précédent, apercevant Rafaël aux pieds de Casilda, s'avance vivement.

Que vois-je?

CASILDA, poussant un cri et s'enfuyant par la porte à droite.

Ah!...

LE ROI, montrant Rafaël.

Qu'on arrête cet homme!...

RAFAEL, à part.

Voilà que cela commence... Carlo m'en avait bien prévenu...

LE ROI.

Quel est-il?

FRAY ANTONIO.

Le capitaine Rafaël d'Estuniga, dont nous parlions tout à l'heure à Votre Majesté, et dont on a dénoncé le complice à l'inquisition.

LE ROI.

Je n'ai point le droit de m'opposer à sa justice; qu'elle ait son cours...

FRAY ANTONIO.

Votre Majesté approuve donc?...

LE ROI.

Cela vous regarde... Qu'on me laisse et que personne ne soit assez hardi pour pénétrer dans mon appartement... il y va de la tête.

(Le roi rentre dans son appartement par la première porte à gauche, et devant la porte, le grand inquisiteur fait placer deux hallebardiers.)

SCÈNE XIV.

Les mêmes, excepté le roi; VARGAS, qui, avant le départ du roi et sur la fin de la scène précédente, s'est approché du grand inquisiteur.

FINALE.

VARGAS, au grand inquisiteur, montrant Rafaël.
Grâce pour lui!

FRAY ANTONIO.
    Le roi compte sur sa sentence!
Nous la rendrons, mon cher, en conscience!

VARGAS, s'approchant de Rafaël qui vient de se jeter dans le fauteuil à droite.
Quoi!... vous que je croyais aux arrêts!

RAFAEL.
        J'ai biffé
La consigne!

VARGAS.
    Et pour votre imprudence,
Vous allez figurer dans un auto-da-fé
Qui s'apprête!

RAFAEL, étendu dans son fauteuil et riant.
Vraiment!

FRAY ANTONIO, à un inquisiteur.
    Convaincu d'hérésie,
De pacte avec le diable et de sorcellerie,
Qu'il soit brûlé dans une heure!...
       (L'inquisiteur salue et sort.)

VARGAS, bas à l'oreille de Rafaël.
       Au danger
Quel pouvoir pourra vous soustraire?

RAFAEL, tranquillement.
Ce n'est pas mon affaire!
C'est celle d'Asmodée!... il doit me protéger...

VARGAS, avec impatience.

Mais parlez... suppliez...

RAFAEL, toujours dans son fauteuil.

Pourquoi me déranger?
C'est à lui de me protéger!

VARGAS.

Mais dénoncé par moi, c'est lui que l'on amène,
Et dans une heure il doit subir la même peine.

SCÈNE XV.

VARGAS, RAFAEL, CARLO, amené de la seconde porte à gauche par des familiers du saint-office, FRAY ANTONIO et TOUS LES INQUISITEURS ; puis LE ROI.

CARLO, se débattant.

Que me veut-on, messieurs?

LE CHOEUR.

Dans sa justice,
Le saint-office
Veut leur supplice.
Allons! marchez...
Que soit punie
Son hérésie!
Livrez l'impie
A nos bûchers!

CARLO.

Écoutez-moi du moins...

LE CHOEUR.

Non... non!

CARLO, se désespérant.

Hélas! la reine
Pour Aranjuez vient de partir!

VARGAS, à Rafaël et secouant la tête.

Du démon la puissance est vaine!

CARLO, s'élançant vers la porte à gauche gardée par deux hallebardiers.
Mais au roi je puis recourir...

TOUS.

Non pas!

FRAY ANTONIO, montrant le cabinet du roi.

De par le roi, nulle puissance humaine
N'en peut franchir le seuil!

CARLO, à part, à gauche.

O ciel! que devenir?...

VARGAS, bas à Rafaël qui est toujours dans le fauteuil à droite.

Et vous ne tremblez pas?...

RAFAEL.

Je ris de leur colère!

VARGAS.

Mais réfléchissez donc...

RAFAEL.

Pourquoi me déranger?

VARGAS.

Qu'il y va de vos jours!...

RAFAEL.

Ce n'est pas mon affaire,
C'est à lui de me protéger!

LE CHŒUR.

Dans sa justice,
Le saint-office
Veut leur supplice ;
Allons, marchez!
Mort à l'impie,
A l'hérésie!
Livrez l'impie
A nos bûchers!

VARGAS, bas à Rafaël.

Le supplice s'apprête!

CARLO, à part.

Espérance dern

(Haut, à Fray Antonio.)
Qu'à Dieu du moins j'adresse ma prière!
(Se rapprochant du cabinet du roi, et sur le motif de la romance du premier acte.)

O roi de la terre!
O puissant seigneur!
Entends la prière
De ton serviteur!
Si parfois ta peine
Par lui se calma,
Viens calmer la sienne...
Dieu te le rendra!

(En ce moment la porte du cabinet s'ouvre, mais personne ne paraît encore.)

CARLO, à part.

La porte s'ouvre!... Il entend... il est là!...

LES INQUISITEURS.

Trêve aux chansons!
Allons, partons!

CARLO, achevant l'air, pendant qu'on l'entraîne.

Tra, la, la, la, la,
Tra, la, la, la, la,
La, la, la, la, la,
La, la, la, la, la...

(Les inquisiteurs ont saisi Carlo qu'ils entraînent vers la porte du fond. — En ce moment, le roi, en désordre et hors de lui, s'élance de son cabinet.)

LE ROI, appelant.

Carlo, Carlo!

LE CHŒUR.

Partons!

LE ROI, avec égarement et voyant Carlo que l'on emmène.
Où le conduisez-vous?
Arrêtez!...

RAFAEL, sur le devant du théâtre, et bas à Vargas.
Tu l'entends?

LE ROI.
Ou craignez mon courroux!

Ensemble.

CARLO.
Tra, la, la, la, la,
La, la, la, la, la,
La, la, la, la, la,
La, la, la, la, la,

LE ROI.
Ses accents ravissants
Ont calmé tous mes sens.
Oui, je cède et me rends
A ces chants tout-puissants!

FRAY ANTONIO, à part.
O fatal contre-temps!
Tu nous perds, et tu rends
Nos efforts impuissants;
O fatal contre-temps!

RAFAEL, à Vargas.
Tu le vois, tu l'entends!
Il a des talismans
Qui rendent impuissants
Les complots des méchants

VARGAS.
Vainement, je l'entends!
A peine je comprends
D'où provient, d'où dépend,
Un pouvoir aussi grand.

FRAY ANTONIO, s'approchant du roi.
Pourtant, Sire, votre ordre...

LE ROI.
Il n'était pas pour lui!

CARLO, montrant Rafaël.
Ni contre lui non plus!...

LE ROI, secouant la tête avec colère.

       Oh ! celui-ci,
C'est différent !

    CARLO.

   Quel crime ?...

  FRAY ANTONIO.

       Maléfice !

   CARLO, à part.

Il est sauvé !...
    (Haut au roi.)
   Je prouverai comment
Il n'offensa jamais le saint-office.

 LE ROI, avec colère et faisant signe d'emmener Rafaël.

Il a fait plus !

   CARLO, à part.

  O ciel !

    LE ROI.

   Un attentat plus grand !
Il n'a pas craint, dans son ardeur coupable,
D'offenser la jeunesse, ainsi que la vertu !
 (A voix basse, à Carlo.)
Dans ce palais, moi-même je l'ai vu,
 (Serrant la main de Carlo.)
Aux pieds de cette fille... Oui... d'elle !

    CARLO, à part.

      Il est perdu !
Inspirez-moi, grands dieux !
    (A voix basse au roi.)
    Et d'un forfait semblable
 S'il avait le droit ?

    LE ROI.

    Lui !...

    CARLO.

S'il était son mari ?

LE ROI.

Lui... lui!... son mari!
(Faisant un geste aux gens qui dans ce moment entraînent Raphaël.)
Un instant, messieurs...

(A part.)
Son mari!

Ensemble.

LE ROI, à part.

O ciel! qu'entends-je? où suis-je?
Mais le ciel qui l'exige
Au silence m'oblige;
Épargnons son destin.
Oui, l'hymen qui l'engage
Le sauve de ma rage
Et fait taire l'orage
Qui grondait dans mon sein!

FRAY ANTONIO et LE CHOEUR, regardant Carlo.

O surprise! ô prodige!
Il commande!... il exige...
A sa voix il dirige
Ce puissant souverain!
Je comptais, dans ma rage,
Sur son prochain naufrage;
Mais il parle!... et l'orage
Se dissipe soudain!

CARLO, regardant Rafaël.

A tromper il m'oblige;
Mais son salut l'exige;
Que le ciel me dirige
Et me guide en chemin!
Pour détourner l'orage,
Hâtons ce mariage,
Sinon, tout me présage
Un naufrage certain.

VARGAS.

O surprise! ô prodige!
Ah! j'en ai le vertige!

Comme il veut, il dirige
Un puissant souverain !
Par un fâcheux présage,
Je craignais un naufrage ;
Mais il parle... et l'orage
Se dissipe soudain !

RAFAEL.

J'attendais ce prodige
Auquel l'honneur l'oblige ;
Il doit, quand je l'exige,
Veiller sur mon destin.

(A Vargas.)

Déjà, perdant courage,
Tu craignais un naufrage ;
Mais il parle... et l'orage
Se dissipe soudain !

CARLO, bas au roi.

Pour mieux calmer encor le trouble de votre âme,
Ordonnez qu'il s'éloigne à l'instant du palais.

LE ROI, à part.

Non !... Il emmènerait sa femme !
Et ne plus la voir !... ah ! je ne pourrai jamais !
(Haut.)
Don Rafaël ! approchez...

RAFAEL, timidement.

Qui ? moi, Sire ?

LE ROI.

D'un instant de colère oubliez le délire,
Vous êtes libre !

RAFAEL, VARGAS, FRAY ANTONIO, avec étonnement.

O ciel !

LE ROI.

J'annule cet arrêt !
Je vous attache à ma personne !

RAFAEL, serrant la main de Carlo.

Merci !

LE ROI.

Je vous donne
Dans mes gardes le brevet
De colonel!...

RAFAEL, bas à Carlo.

Merci!...

VARGAS.

J'en reste stupéfait!
(A Rafaël.)
Et tout cela n'a rien qui vous étonne?

RAFAEL.

Je te l'avais bien dit : pourquoi me déranger?
(Montrant Carlo.)
C'est lui qui doit me protéger.

Ensemble.

LE ROI.

Doux espoir! doux prestige!
Mon amour qui l'exige
De son époux m'oblige
A parer le destin.
Amour, toi qui m'engages,
Dissipe les nuages !
Viens calmer les orages
Qui grondent dans mon sein!

VARGAS.

O surprise! ô prodige! etc.

RAFAEL, à Vargas.

J'attendais ce prodige, etc.

FRAY ANTONIO et LE CHŒUR

O surprise; ô prodige! etc.

CARLO, regardant Rafaël.

A tromper, il m'oblige, etc.

(Le roi, appuyé sur le bras de Carlo, rentre dans son cabinet à gauche; Rafaël, suivi de Vargas, passe au milieu des inquisiteurs, qui s'inclinent devant lui ; Rafaël le fait remarquer à Vargas d'un air de triomphe, et sort par la porte du fond.)

ACTE TROISIÈME

Une salle du palais. — Galerie au fond, ouverte sur des jardins. Deux portes latérales; à droite une table et un fauteuil.

SCÈNE PREMIÈRE.

CARLO, regardant avec inquiétude vers le fond du théâtre.

AIR.

Depuis longtemps est parti mon message !
La reine ne vient pas, et je tremble toujours !
Oser tromper le roi ! Dans ces lieux c'est l'usage,
M'a-t-on dit... et pourtant j'ai grand'peur pour mes jours.

    Reviens, ma noble protectrice,
    Aider ton pauvre serviteur;
    Du sort dont je crains le caprice
    Pour moi détourne la rigueur !

        A l'horizon immense
        Rien n'apparaît, je croi;
        J'écoute... et ce silence
        Redouble mon effroi.

Reviens, ma noble protectrice, etc.
        (Écoutant.)
        Le destin
        Vient enfin
        Calmer ma peine.
Je crois entendre un bruit soudain !

Plus d'effroi ;
Je le crois,
Voici la reine!
Oui.., oui... je ne m'abuse pas,
C'est ma souveraine!
Plus d'effroi ni de peine,
Le bonheur suit ses pas!

SCÈNE II.

CARLO, LA REINE, suivie de DEUX DAMES D'HONNEUR qui lui approchent un fauteuil et se retirent par la porte à droite.

CARLO.

Moi qui accusais le retard de Votre Majesté !

LA REINE, assise.

Et cependant, à peine ai-je reçu à Aranjuez le courrier que tu m'avais expédié... que je suis repartie sur-le-champ... car il s'agissait, disais-tu, de mon bonheur!... il s'agit donc du roi ?

CARLO.

Oui, madame.

LA REINE.

Pourquoi, avant mon départ, n'as-tu pas voulu me confier le secret que tu avais découvert, la cause de ses tourments?...

CARLO.

Je n'étais pas encore assez sûr des détails... Maintenant... je les possède presque tous... et cependant... je supplie Votre Majesté de ne pas me les demander... Elle les connaîtra si je réussis... et si je succombe... moi seul me serai exposé à une colère bien redoutable!

LA REINE.

Je sais tout; on veut engager le roi à se séparer de moi...

On a parlé de divorce et d'une alliance avec une princesse de Sardaigne.

CARLO.

Ah! ce n'est pas possible!

LA REINE, vivement.

On dit même que Fray Antonio, l'inquisiteur, reçoit, dans ce but, de l'argent de la cour de Turin, avec laquelle il est en correspondance secrète par l'entremise d'un nommé Gil Vargas, huissier du palais et l'un de ses agents...

CARLO.

Je le connais.

LA REINE, vivement et se levant.

Aurais-tu des preuves de ce complot?... une preuve... une seule ?

CARLO.

J'en aurai... je vous en réponds !

LA REINE.

Ah! s'il en est ainsi... parle! demande-moi ce que tu voudras.

CARLO.

J'accepte, madame, et je vous demande de marier, à l'instant même, sans éclat et sans bruit... ma sœur Casilda avec don Rafaël...

LA REINE.

Toi qui, il y a deux heures, avant mon départ, me suppliais de les séparer et d'éloigner Rafaël au plus vite !

CARLO.

Il le fallait alors... et maintenant... il faut ce mariage... Il le faut... non pour moi... mais pour vous-même.

LA REINE, étonnée.

Comment ?

CARLO, vivement.

Cela importe à la réussite des projets dont nous parlions

tout à l'heure; et un mot de vous au duc d'Estuniga, son oncle... qui est, dit-on, le courtisan le plus servile...

LA REINE.

Sans doute... un coup d'œil l'aurait fait se courber et obéir; mais j'apprends à l'instant que cet oncle, depuis longtemps malade, vient de mourir subitement, laissant à son neveu, qu'il n'a pas eu le temps de déshériter, cinq à six cent mille ducats de revenu.

CARLO.

O ciel!

LA REINE.

Et comment obliger ce jeune homme qui est libre, qui est riche, qui peut aspirer à tous les partis...

CARLO.

A épouser une fille sans naissance et sans fortune...

LA REINE.

A moins que le penchant qui l'entraîne vers elle...

CARLO.

Penchant que j'ai arrêté... que j'ai détourné moi-même, en l'effrayant sur sa fiancée... N'importe!... il y a encore moyen peut-être... et d'ici-là, si le roi vous parlait de cette union... je supplie Votre Majesté de lui dire qu'elle la connaissait.

LA REINE.

Moi!

CARLO.

Elle ajouterait même qu'elle a signé au contrat et qu'à Notre-Dame-des-Bois elle a honoré ce mariage de sa présence... cela n'en ferait que mieux.

LA REINE.

Et pourquoi?

CARLO.

Plus tard... Votre Majesté le saura.

LA REINE, *apercevant les deux dames d'honneur qui sortent de la porte à droite et replacent le fauteuil près de la table.*

Silence !... on vient m'avertir.

CARLO.

Quel contre-temps !

LA REINE.

L'ambassadeur d'Allemagne présente aujourd'hui ses lettres de créance.

CARLO, *à demi-voix.*

Comment donc revoir Votre Majesté?

LA REINE, *de même.*

Après la réception... si je puis être seule un instant, je te ferai prévenir par Casilda... A bientôt... Silence et courage !

(*Elle sort par la porte à droite.*)

SCÈNE III.

CARLO, puis VARGAS et RAFAEL.

CARLO, *allant s'asseoir sur le fauteuil à droite près de la table.*

Oui... courage !... Si encore on pouvait, pendant quelques heures, laisser ignorer à Rafaël la succession qu'il vient de faire...

VARGAS, *entrant avec Rafaël par le fond du théâtre.*

Je vous le répète, c'est le notaire lui-même qui en apporte la nouvelle... votre oncle est mort !...

CARLO, *à part, avec impatience.*

Là !... encore ce Vargas !...

VARGAS.

Sans pouvoir, comme il le voulait, léguer tous ses biens à l'inquisition.

RAFAEL, *froidement.*

En vérité !...

8.

VARGAS.

Il n'a eu que le temps de dire de vive voix au notaire : « J'ordonne à mon neveu de prendre Gil Vargas pour son « intendant ! »

RAFAEL.

A moi !... un intendant... vrai cadeau du diable !... Et pourquoi cela ?

VARGAS.

Parce qu'il en faut un avec une fortune comme la vôtre... parce que vous avez six cent mille ducats.

RAFAEL, froidement.

Ah ! ah !

VARGAS.

Cela ne vous surprend pas ?...

RAFAEL.

Du tout... (Montrant Carlo.) Avec lui... et grâce à lui... je m'y attendais.

VARGAS.

Raison de plus, maintenant, pour renoncer à cet amour absurde et diabolique que vous vous êtes mis en tête.

CARLO, à part, avec colère.

Nous y voilà !

VARGAS.

On peut choisir parmi les marquises et les duchesses, quand on a six cent mille ducats.

CARLO, froidement.

Non pas... trois cents.

VARGAS.

Comment, trois cents !

CARLO.

Et ma part ?

VARGAS.

Ah ! c'est trop fort !... c'est trop juif !

RAFAEL, riant.

C'est pis qu'un intendant.

VARGAS, avec colère.

Et vous pourriez souffrir !...

RAFAEL.

Donne-moi le moyen de faire autrement ? Quand je pense que toi qui parles... toi qu'on vient de me donner pour intendant, tu es à lui pour moitié, s'il le veut.

VARGAS.

Laissez donc !

RAFAEL.

Oui, s'il le veut... Tu auras beau dire et beau faire, il faudra que tu lui appartiennes.

VARGAS, avec colère.

C'est ce que nous verrons !... car je n'entends pas que vous soyez dupe plus longtemps d'une fourberie et d'une imposture pareilles...

RAFAEL, écoutant un bruit de tambour lointain.

Tais-toi !... c'est le roi et la reine qui, pour la réception de l'ambassadeur, se rendent à la salle du trône... Et, nous autres, du régiment des gardes, devons former la haie sur leur passage !

VARGAS.

Peu importe ! (Montrant Carlo, qui depuis quelques minutes vient de s'asseoir et d'écrire à la table à droite.) Et puisque vous prétendez que c'est le Diable en personne...

(Prenant un des pistolets que Rafaël porte à sa ceinture.)

RAFAEL.

Prends garde... il est chargé !

VARGAS.

C'est ce que je veux, et en l'essayant sur lui... vous verrez bien...

RAFAEL.

Que tu perdras ta poudre et ton temps. (Vivement.) Le roi !
(Il tire son épée, et va se mettre en rang avec les autres officiers et soldats qui sont en haie dans la galerie, présentant les armes au roi, et tournant le dos aux spectateurs. On entend dans l'orchestre le bruit lointain du tambour, qui est censé battre dans les cours du palais.)

VARGAS, pendant ce temps, s'approchant de Carlo qui est à la table à écrire, et à demi-voix.

Prétendu démon ou sorcier, pourrais-tu me dire ce qui va t'arriver ?

CARLO, sans tourner la tête.

Non, mais je puis t'apprendre le sort qui t'attend... Ravisseur d'une jeune fille dont tu voulais faire la maîtresse du roi, tu seras pendu dès ce soir.

VARGAS, interdit.

Pendu !...

CARLO.

De par la reine... (Montrant le papier qu'il vient d'écrire.) qui va en signer l'ordre.

VARGAS, tremblant.

Pendu !...

CARLO.

Mais, au contraire... je t'offre ta grâce si tu conviens de tes intelligences avec Fray Antonio.

VARGAS.

J'en conviens...

CARLO.

Des lettres que tu reçois pour lui de la cour de Sardaigne...

VARGAS.

J'en conviens !... et même j'en ai là une toute petite... que j'allais lui porter...

CARLO, vivement.

La protection de la reine et la place de majordome, si tu me remets cette dépêche.

VARGAS.

La voici... la voici... (Tombant à genoux.) Vous tenez vos promesses mieux que l'inquisition, et je suis à vous corps et âme !

(Pendant le dialogue précédent, qui a été débité rapidement sur le devant de la scène, le roi, la reine et toute la cour ont passé au fond du théâtre, devant les officiers qui forment la haie. Le défilé est achevé. Rafaël, qui était à la porte du fond, présentant les armes au roi, se retourne en ce moment, et voit son précepteur aux genoux de Carlo.)

RAFAEL, riant.

Et lui aussi !... Quoi ! mon précepteur, vous qui aviez pris les armes contre l'enfer... vous qui vous vantiez de ne pas lui céder... c'est bien pis que moi encore !... vous vous donnez corps et âme !... Oh ! tu l'as dit, je l'ai entendu, et tu as bien fait; tout va maintenant te réussir.

VARGAS, balbutiant.

Permettez, monseigneur...

CARLO.

Silence !... pas un mot à ton élève.

VARGAS.

Je me tais.

CARLO.

Et maintenant, laisse-nous.

VARGAS, faisant quelques pas pour sortir.

Je m'en vais.

CARLO.

Non, reste.

VARGAS, revenant.

Me voici !...

RAFAEL, à demi-voix, à Vargas.

Ah çà ! il me semble que c'est lui qui te commande.

VARGAS, troublé.

Vous croyez...

CARLO, à Vargas.

Tu vas venir avec moi chez la reine.

VARGAS.

Pour cette place de majordome que vous m'avez promise?

RAFAEL.

Une place !... Voilà déjà que cela commence, et c'est comme si tu l'avais... car c'est un serviteur exact et fidèle... un peu cher... je t'en ai prévenu... Mais, n'importe, et quel que soit le prix qu'il veuille y mettre, j'ai une grâce... une dernière grâce à lui demander.

CARLO.

Laquelle?

RAFAEL.

Ce matin, tu m'avais défendu de regarder, d'approcher cette jeune fille... ce lutin... et malgré tes menaces...

CARLO, à part, effrayé.

Ah ! mon Dieu !...

RAFAEL.

Je n'ai pu résister au charme qui m'entraînait vers elle... Je suis tombé à ses pieds... j'ai pressé sa main dans la mienne...

CARLO, vivement.

Et puis...

RAFAEL.

Et puis... j'ai promis, j'ai juré... Je me suis vendu au démon : je lui ai vendu mon âme !

CARLO.

Est-il possible !

RAFAEL.

Tu comprends alors, puisque je lui appartiens à jamais, qu'il ne m'en coûtera pas plus pour l'épouser.

VARGAS, effrayé.

Vous, mon élève !...

CARLO, lui faisant signe.

Tais-toi...

(Vargas s'arrête et se tait.)

RAFAEL.

Mais que, fille d'honneur ou fille d'enfer, doña Thérésa soit ma femme !...

CARLO, avec joie. VARGAS, avec crainte.

Quoi ! vous voulez ?...

RAFAEL, vivement à Carlo.

Un pareil mariage ne peut pas se faire comme un autre, je le sais... mais, par ton pouvoir auprès de Belzébuth, tu peux arranger cela de manière à ce que cela se fasse en un clin d'œil, et que personne n'y voie que du feu.

CARLO, vivement.

C'est ce que je veux, et à l'instant même.

SCÈNE IV.

VARGAS, RAFAEL, DE MEDRANO, QUELQUES SEIGNEURS, CARLO.

DE MEDRANO, à Rafaël.

De la part du roi !
Il remet à Rafaël un papier, puis il s'approche de Carlo, avec qui il cause vers le fond du théâtre pendant que Rafaël lit.)

RAFAEL.

Ah ! mon Dieu !

VARGAS, à demi-voix.

Qu'avez-vous donc ?

RAFAEL, avec joie.

Qu'est-ce que je disais ?... Ce mariage dont... je parlais...

VARGAS.

Il va se faire ?

RAFAEL.

Mieux encore... il est fait... L'écriture du roi... (Lisant.) « Vous êtes marié... nous le savons... En conséquence, nous « entendons que vous habitiez au palais, et que vous y oc- « cupiez un appartement dès ce soir, avec doña Thérésa, « votre femme ! » Thérésa... ma femme... le même appartement. Tu le vois... ce que je désirais, ce que je rêvais tout à l'heure est déjà réalisé.

VARGAS.

Quand donc ?... à quel moment ?

RAFAEL.

Est-ce que je le sais ?... Mais le roi ne se trompe jamais ! Le roi le dit et l'atteste... c'est signé de sa main.

VARGAS.

Marié... sans vous en être aperçu !

RAFAEL.

Pourquoi pas ?... Dès qu'on est une fois dans la sorcellerie et la diablerie, tout devient simple et naturel...

UN HUISSIER, annonçant.

Le roi, messieurs !

RAFAEL.

Le roi qui sort de la salle du trône, et traverse cette galerie... je vais bien savoir par lui...

CARLO, à part.

O ciel !...

(Il quitte le comte de Medrano et les seigneurs qui causaient avec lui, et se rapproche de Rafaël.)

SCÈNE V.

VARGAS, CARLO, LE ROI, DE MEDRANO et PLUSIEURS SEIGNEURS.

LE ROI, venant de gauche et traversant le théâtre.

Oui, comte de Las Torrès, nous ferons droit à votre demande... ainsi qu'aux vôtres, marquis de Balbajos. (Apercevant Rafaël qui s'incline.) Ah! c'est vous, don Rafaël?... Avez-vous reçu de moi...

RAFAEL, lui montrant le papier qu'il tient.

Oui, Sire!... Mais, oserai-je demander à Votre Majesté... comment elle a appris cette union?

LE ROI, souriant.

Par Carlo, d'abord...

RAFAEL, étonné.

Carlo?...

CARLO, à Rafaël.

Oui, colonel!...

LE ROI.

Et par la reine, qui m'a dit avoir signé à votre contrat et avoir même, à Notre-Dame-des-Bois, honoré de sa royale présence ce mariage que nous approuvons!...

(Le roi salue de la main Rafaël, qui est resté stupéfait et immobile ; et, traversant la galerie, il entre avec sa suite dans un des appartements à droite.)

SCÈNE VI.

VARGAS, RAFAEL, CARLO.

RAFAEL, hors de lui, égaré et portant la main à son front.

La reine... qui le dit... la reine qui, à l'endroit même où

le démon m'est apparu, à Notre-Dame-des-Bois... a été témoin de ce mariage... réel ou fantastique... (Vivement et sortant de ses réflexions.) Mais, après tout, qu'ai-je besoin de comprendre... pour être heureux ?... Et dès que je le suis... dès qu'elle est à moi...

(Il fait quelques pas pour sortir.)

CARLO, l'arrêtant.

Où allez-vous ?

RAFAEL.

Chercher ma femme... et l'emmener...

CARLO.

Permettez....

RAFAEL.

Dans notre appartement... Le roi l'a dit... je suis marié... mon mariage est fait, célébré et conclu... la reine l'a vu, le roi l'atteste.. et toi aussi...

VARGAS.

C'est vrai !...

CARLO, à part.

Ah ! mon Dieu !... cela devient dangereux, et si on ne l'empêche pas...

RAFAEL, de même.

C'est à moi... c'est mon bien... personne ne peut me le disputer... ni m'empêcher d'être son mari !

CARLO, de même et le retenant toujours.

Et moi ?...

RAFAEL, de même.

Que veux-tu dire ?

CARLO, de même.

Et ma part ?

RAFAEL, de même.

Ma femme est à moi seul !

CARLO.

A nous deux !... N'est-il pas dit, dans notre pacte, que tout ce que je te ferai obtenir, nous le partagerons ?...

RAFAEL.

Passe pour mon intendant... prends-en la moitié... prends-le tout entier, si tu veux... mais ma femme... c'est autre chose !

SCÈNE VII.

VARGAS, RAFAEL, CARLO, CASILDA, sortant de la porte à droite.

CASILDA, à voix basse, à Carlo.

Eh ! vite... eh ! vite, la reine t'attend ; elle n'a qu'un instant à être seule.

CARLO.

J'y vais... Mais toi, n'oublie pas...

(Il lui parle à voix basse.)

RAFAEL, à Vargas, à demi-voix.

La voilà !...

VARGAS, à part.

Je ne la reconnais que trop bien !

RAFAEL.

Regarde-la !... regarde donc comme elle est jolie !... et partager un pareil trésor... Ah bien ! oui... plutôt mourir !

CARLO, à sa sœur, qui a l'air de lui résister.

Je le veux... (A Vargas.) Vous, seigneur Vargas, suivez-moi chez la reine... (A sa sœur.) Toi, n'oublie pas avec lui ce que je t'ai recommandé, ou tu serais perdue...

(Carlo sort avec Vargas, en faisant encore à Casilda des signes d'intelligence.)

SCÈNE VIII.

CASILDA, RAFAEL.

CASILDA, à part.

Pauvre jeune homme ! le tromper à ce point... je ne pourra jamais...

RAFAEL, regardant sortir Carlo.

Grâce au ciel, ce maudit associé n'est plus là pour réclamer sa part... Il s'éloigne... il ne peut nous voir... et en son absence...

DUO.

CASILDA, à part.

Lui faire accroire, ah ! c'est terrible !
Que pour partager avec lui
Le diable est toujours là... près de nous... invisible...
Mais mon frère le veut ainsi...

RAFAEL, à part.

O moment favorable !
Amour, tu me souris !
Et puis, tromper le diable
En tout temps est permis.

CASILDA, à part.

D'une ruse semblable,
En vain mon cœur gémit !
Soyons inexorable...
Car mon frère l'a dit.

RAFAEL, regardant à droite.

Il est loin... approchons !

CASILDA, à part et réfléchissant.

Oui, le diable lui-même
Est toujours là... sans être vu !
C'est convenu !

RAFAEL, avec expression.
Écoute-moi, je t'aime !
Je t'aime ! je t'aime ! je t'aime !

CASILDA, écoutant de l'autre côté.
Hein ? hein ?...

RAFAEL.
Quoi donc ?

CASILDA, écoutant toujours.
Je l'ai bien entendu !
Pendant que vous parlez, ô bizarre merveille !
Quelqu'un murmure aussi : je t'aime ! à mon oreille.

RAFAEL.
De ce côté ?...

CASILDA, montrant le côté où il n'y a personne.
Non pas ! de celui-ci.

RAFAEL, lui prenant la main gauche.
Cela n'est pas possible !

CASILDA.
Eh ! mais... c'est inouï !

RAFAEL.
Qu'avez-vous donc ! et quel trouble est le vôtre ?

CASILDA.
On me retient la main !

RAFAEL, tenant la main gauche.
Celle-ci ?

CASILDA, montrant la droite.
Non pas, l'autre !

RAFAEL, à part, passant à sa droite.
Ah ! serait-ce Asmodée... invisible et présent ?

CASILDA, montrant sa gauche.
Eh mais ! de ce côté, le voilà maintenant !...
(Comme si elle retirait sa main gauche que l'on tient.)
Finissez !...

RAFAEL, qui, dans ce moment, vient de porter à son cœur et à ses lèvres la main gauche de Casilda.

Qu'est-ce donc?

CASILDA.

Je défends qu'on me touche!
Il presse encor ma main sur son cœur, sur sa bouche!

RAFAEL, quittant la main qu'il tenait.

O ciel!... je m'arrête en tremblant!...

Ensemble.

RAFAEL, à part.

Infernale malice!
Le bonheur que j'obtien,
Le moindre bénéfice
Devient soudain le sien!
Ah! c'est vraiment terrible!
Même dans mes amours,
Ce démon invisible
Veut partager toujours!

CASILDA, de même.

Par ce doux maléfice,
Moi, je ne crains plus rien;
Et vois avec malice
Quel tourment est le sien.
Ah! c'est vraiment terrible!
Même dans ses amours,
Ce démon invisible
Veut partager toujours!

RAFAEL, ayant l'air de s'adresser à quelqu'un qui est dans l'appartement.

Apprenez que de votre audace,
Démon ou lutin, je me lasse!
(Quittant la main droite de Casilda.)
Si je veux bien quitter sa main...

CASILDA, montrant sa main gauche.

Voilà qu'il la quitte soudain!

RAFAEL, reculant de quelques pas.

Et si je m'éloigne d'ici...

CASILDA, de même.
Le voilà qui s'éloigne aussi !

RAFAEL, faisant quelques pas vers elle.
Je n'entends pas céder mes droits...

CASILDA, de même.
Il se rapproche, je le crois !

RAFAEL, lui prenant la main droite et tombant à ses genoux.
Car tous deux l'amour nous enchaîne !

CASILDA, montrant sa main gauche.
Il me retient... je le sens bien !

RAFAEL.
Ma part est donc toujours la sienne,
Et mon bonheur toujours le sien ?

CASILDA.
Le voilà même à mes genoux.

RAFAEL.
A vos genoux !

CASILDA et RAFAEL.
Monsieur, monsieur... relevez-vous !

Ensemble.

RAFAEL.
Non, non, plus de partage !
Je renonce, en ma rage,
Au traité qui m'engage ;
Dussé-je être perdu,
Ici rien ne m'arrête !
(S'adressant à Asmodée.)
Que par toi la tempête
Éclate sur ma tête !
Notre pacte est rompu,
M'entends-tu ? m'entends-tu ?
Oui, oui... tout est rompu !

CASILDA, riant.
Ah ! sa jalouse rage

M'offre trop d'avantage,
Et d'un pareil partage
Le voilà confondu !
Hélas ! quel tourment je lui donne,
C'est malgré moi que je le fais souffrir !
Mais mon frère l'ordonne,
Et je dois obéir !

RAFAEL, passant à gauche de Casilda.

Près de toi, qui fais mon bonheur,
De sa puissance je me passe !
Et si tu me gardes ton cœur...
Viens, viens...
(Il l'embrasse sur l'épaule gauche.)

CASILDA, se touchant au même moment l'autre épaule.

Ah ! l'on m'embrasse !

RAFAEL, poussant un cri de colère.

Ah !
(Remontant le théâtre, et s'adressant à Asmodée qu'il ne voit pas.)
Monsieur ! c'est un trait perfide et déloyal !
Monsieur ! c'est un abus du pouvoir infernal !
Et c'est enfin d'un lâche... oui... m'entendez-vous bien ?
De se cacher ainsi pour dérober mon bien !
(Serrant Casilda dans ses bras et l'embrassant encore.)
Ma vie à moi !... mon amour... mon trésor !

CASILDA, montrant son autre joue.

Ah ! l'on m'embrasse encor.

Ensemble.

RAFAEL, avec fureur, tire son épée.

Non, non, plus de partage !
Je brise, dans ma rage,
Le traité qui m'engage ! etc.

CASILDA, riant.

Ah ! sa jalouse rage
M'offre trop d'avantage,
Et d'un pareil partage, etc.

(Rafaël, qui a tiré son épée, poursuit Asmodée sous la table, derrière les fauteuils, puis revient à Casilda qu'il tient d'une main, tandis que de l'autre il se met en garde contre Asmodée.)

SCÈNE IX.

LE ROI, RAFAEL, CASILDA.

RAFAEL, courant au roi.

Ah ! Sire !... j'implore Votre Majesté !...

CASILDA, à demi-voix.

Taisez-vous !

RAFAEL.

Non... non, il y a déjà trop longtemps que je garde le silence ; je m'adresse au roi d'Espagne, au roi catholique... pour éloigner et exorciser l'esprit malin qui vient s'emparer de nous et de nos biens les plus chers.

LE ROI.

Que voulez-vous dire ?

RAFAEL.

Que pour rompre ses maléfices, je supplie Votre Majesté de nous faire bénir et marier à l'instant par son chapelain... mais marier, réellement.

LE ROI, étonné.

Mariés... ne l'êtes-vous pas ?

RAFAEL.

Je n'en ai pas la moindre idée...

LE ROI.

Et la reine et Carlo qui prétendaient...

CASILDA, vivement et courant près du roi.

Trompés... abusés comme vous-même...

LE ROI, avec colère.

Il est donc vrai !...

FINALE.

C'est trop d'audace et trop d'offense!
On croyait braver ma puissance...
Mais tremblez tous, tremblez d'effroi!
C'est moi, c'est moi qui suis le roi!

(A Rafaël et à Casilda.)

O vous, qu'un sort fatal amène
Sous les yeux d'un maître outragé,
Vous saurez ce que peut ma haine...
Et de vous je serai vengé!
Oui, perfides... Dieu! la reine!...

SCÈNE X.

LES MÊMES; LA REINE et TOUTE LA COUR, entrant par la galerie du fond; puis CARLO.

LA REINE, courant à son mari.

Qu'avez-vous donc?

LE ROI, cherchant à modérer sa colère.

Ce que j'ai!... ce que j'ai...

Ensemble.

FRAY ANTONIO et VARGAS.

Est-ce un nouveau trait de démence?
Ou revient-il en ma puissance?
Il est à nous.... oui, je le vois!

LE ROI.

C'est trop d'audace et trop d'offense!
On croyait braver ma puissance...
Mais tremblez tous, tremblez d'effroi!
C'est moi, c'est moi qui suis le roi!

LA REINE et LE CHŒUR.

Qui peut exciter sa vengeance?
Qui donc et l'outrage et l'offense?
Oh! rien n'égale mon effroi!

LA REINE, apercevant Carlo qui entre.

Carlo!... Carlo!... venez! je suis tremblante,
Sa fureur contre nous s'augmente!

CARLO, s'approchant du roi.

Sire!...

LE ROI, brusquement.

Que nous veux-tu?... servir nos ennemis?...

CARLO.

Qui? moi!... si vous daignez m'en croire et me permettre...

LE ROI, avec colère.

Silence!... A notre cour si j'ai daigné t'admettre,
C'est pour tes chants, et non pour tes avis!

CARLO.

Moi chanter! Désormais, Sire, je ne le puis!

LE ROI, étonné.

Et la raison?

CARLO.

J'ai trop de chagrins.

LE ROI.

Vous!

CARLO.

Oui, Sire!

LE ROI, s'adoucissant.

Ah! tu souffres aussi!... qu'as-tu donc?

CARLO.

Une sœur
Qu'on voudrait m'enlever, que l'on voudrait séduire!

LE ROI.

Qui donc?

CARLO.

Un noble et grand seigneur!

LE ROI.

Son nom?

CARLO.

Je ne saurais le dire
Qu'à Votre Majesté!...

LE ROI, à sa femme.

Madame!... un seul instant,
De grâce...

(Aux autres personnes de la cour.)

Et vous, messieurs, qu'on se retire!

(Toute la cour se retire de quelques pas, au fond du théâtre. La reine s'asseoit sur le fauteuil à droite. — Carlo et le roi restent seuls sur le devant de la scène.)

LE ROI, à Carlo.

Il n'est personne ici d'assez haut, d'assez grand,
Pour se mettre au-dessus des lois... j'en fais serment!
Ce séducteur! quel est-il donc?

CARLO.

Vous, Sire!...

(L'orchestre joue le motif de la romance du premier acte, sur lequel Carlo fait le récit suivant. Regardant le grand inquisiteur.)

De la reine ils craignaient le tendre dévoûment,
Ces pieux conseillers dont la perfide adresse
Voulait vous entraîner aux pieds d'une maîtresse,
Vous conduire au divorce et former d'autres nœuds
Pour s'enrichir... La preuve en est là sous vos yeux!...

(Il lui remet divers papiers.)

LE ROI, les parcourant.

O ciel!...

(Avec une colère concentrée.)

Ainsi, par vous, la reine a dû connaître
Les torts dont je rougis!...

CARLO, vivement.

Je le jure, ô mon roi,
La reine ne sait rien!

(Montrant Rafaël et Casilda.)

Ni lui!... ni ma sœur!... moi,
Moi seul de vos secrets suis maître;

Ordonnez mon trépas!... ils mourront avec moi!
Qu'à ce prix le repos dans votre cœur revienne,
Que l'innocence en vous retrouve un défenseur!
Et fidèle à l'honneur, et fidèle à la reine,
Rendez-lui son époux!... et rendez-moi ma sœur!
(Pendant ce temps, et sur un signe de Carlo, Casilda s'est avancée doucement.)

CARLO et CASILDA.

O roi de la terre!
O noble seigneur,
Que notre prière
Arrive à ton cœur!
C'est par la puissance
Que tu régneras;
Mais par la clémence
Au ciel tu vivras!

LE ROI.

Leurs accents si touchants
Ont calmé tous mes sens!
Oui, je cède et me rends
A leurs nobles accents!

CARLO et CASILDA.

Ah! ah! ah! ah! ah!
Ah! ah! ah! ah! ah!
Ah! ah! ah! ah!
Ah! ah! ah! ah! ah!

(La reine et le chœur s'approchent.)

LE ROI, allant à la reine.

A vous, madame, tout à vous;
(Regardant l'inquisiteur.)
Plus d'ennemis désormais entre nous!
(A Rafaël.)
Quant à vous, épousez celle qui vous est chère,
Comte de Puycerda, marquis de Pennaflor...

VARGAS.

Quoi! de nouveaux titres encor?...

RAFAEL, à Carlo, qui lui a parlé bas pendant les vers précédents.

Que tu ne prendras pas, cette fois...

CARLO.

Au contraire!
Et pour les partager au gré de votre cœur,
Je les prends et les donne...

RAFAEL.

A qui donc?

CARLO, montrant Casilda.

A ma sœur!

(Souriant et les regardant tous.)

J'ai tenu ma promesse, et dans cette demeure,
Chacun aura sa part.

RAFAEL, à Carlo.

Oui, mais la tienne, à toi?

CARLO, l'unissant à sa sœur.

Je vous vois tous heureux... et vous l'êtes par moi...
Ma part est la meilleure.

LE CHŒUR, montrant le roi.

Que nos soins, notre tendresse
Le guérissent de ses maux!
Que par lui règnent sans cesse
Le bonheur et le repos!

LE
PUITS D'AMOUR

OPÉRA-COMIQUE EN TROIS ACTES

En société avec M. de Leuven

MUSIQUE DE M. W. BALFE.

Théatre de l'Opéra-Comique. — 20 Avril 1843.

PERSONNAGES.	ACTEURS.
ÉDOUARD III, roi d'Angleterre	MM. Chollet.
LE COMTE ARTHUR DE SALISBURY, son favori	A Dran.
BOLBURY, shérif	Henri.
LORD NOTTINGHAM	Daudé.
LE CONSTABLE MAKINSON, personnage muet	—
UN HUISSIER	—
FULBY, page et fauconnier du roi	Mmes Darcier.
LA PRINCESSE PHILIPPINE DE HAINAUT, fiancée du roi	Félix-Mélotte.
GÉRALDINE, cousine de Bolbury	Anna-Thillon.

Favoris du roi. — Seigneurs et Dames de la cour. — Constables. — Policemen.

A Londres.

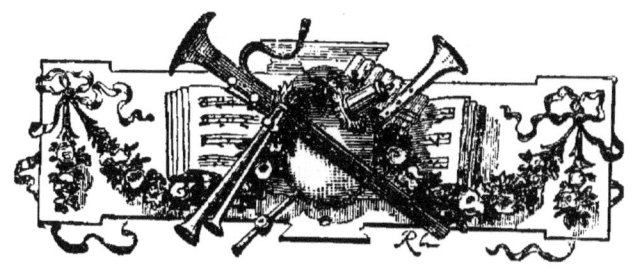

LE
PUITS D'AMOUR

ACTE PREMIER

Un square, avec quelques arbres de chaque côté. — A gauche, la maison du shérif Bolbury. A droite, la façade d'une prison. Au milieu du square, un puits à demi ruiné avec la margelle et les accessoires gothiques. A gauche, un banc de pierre. Au fond, différentes rues aboutissant au square.

SCÈNE PREMIÈRE.

BOLBURY, CONSTABLES, POLICEMEN.

(Au lever du rideau, Bolbury tient à la main des rapports qu'il parcourt ; il est entouré de quelques-uns de ses subordonnés. Bientôt des constables et des hommes de police arrivent de différents côtés et se pressent autour de lui.)

INTRODUCTION.

LE CHŒUR.
Agents
Diligents,

Nous par qui la ville
Est tranquille,
Nous accourons tous,
Maître, nous entendre avec vous!
Parlez
Et réglez
Le service
De la police!
Par nous vos avis
Seront respectés et suivis!

BOLBURY, avec importance, se promenant au milieu d'eux.

Pour bien remplir mon ministère,
Mon Dieu! quel travail est le mien!
Qu'il faut d'esprit, de caractère!
Sans moi dans Londre on ne fait rien!
Ici, sans moi rien n'irait bien!

SCÈNE II.

Les mêmes; FULBY.

FULBY, présentant une dépêche à Bolbury.

Pour monsieur le shérif, un important message!

BOLBURY, avec joie.

De la cour?

FULBY.

De la cour!

BOLBURY, avec orgueil.

Ah! pour moi quel honneur!

(Saluant Fulby.)

Mais veuillez donc, monsieur le page,
Entrer chez votre serviteur!

FULBY.

Avec plaisir...

(A part.)

Là, sans qu'on me soupçonne,

J'attendrai le signal que la beauté me donne;
Et la fin de ce jour
Sera tout à l'amour!

BOLBURY.

Entrez, entrez dans ma demeure,
Le devoir me retient ici,
Mais je vous rejoins tout à l'heure.

FULBY, entrant.

Ne vous pressez pas, grand merci!

(Bolbury revient en scène, et il est entouré de nouveau par ses constables.)

LE CHŒUR.

Agents
Diligents, etc.

BOLBURY, qui a lu la dépêche.

Ah! qu'ai-je lu! Pour moi quel avantage!
Je pourrai donc enfin me signaler...
Oui, mes amis, grâce à votre courage,
De moi bientôt l'on va parler!

TOUS.

Expliquez-vous!

BOLBURY.

Écoutez tous!

(Lisant.)

« Le faux prince Édouard est, dit-on, dans la ville,
« Et de ses partisans il cherche à s'entourer! »
Par une surveillance habile,
De sa personne il faut nous assurer.

TOUS.

De sa personne il faut nous emparer!

BOLBURY.

Allons, troupe fidèle,
Montrez du cœur, du zèle,
Par ce coup décisif
Illustrez un shérif!

LE CHŒUR.

Allons, troupe fidèle,

Montrons du cœur, du zèle,
Par ce coup décisif
Illustrons un shérif!

BOLBURY.

Faveurs et récompense
Sur moi pleuvront, je pense,
Et tout cet honneur-là
Sur vous rejaillira!

LE CHŒUR.

Faveurs et récompense,
Sur lui pleuvront, je pense,
Et tout cet honneur-là
Sur nous rejaillira!

Ensemble.

BOLBURY.

Partez, troupe fidèle, etc.

TOUS.

Allons, troupe fidèle, etc.

(Ils se dispersent de différents côtés.)

SCÈNE III.

BOLBURY, puis GÉRALDINE.

BOLBURY, seul.

Grâce au ciel! le temps est à l'orage!... c'est le beau temps pour la police... On s'agite, on conspire contre notre gracieux monarque Édouard! (Relisant la lettre qu'il a reçue.) « Un intrigant, un scélérat, profitant de quelque ressem-
« blance avec le roi, se donne pour le frère aîné de Sa Ma-
« jesté, dont la mort a été révoquée en doute par quelques
« séditieux... Sous prétexte qu'il a les traits de notre sou-
« verain, il veut avoir sa couronne et cherche à fomenter
« des troubles, même dans la capitale... » (s'arrêtant.) Je

remplirai la mission qu'on me donne... je le prendrai, je le saisirai... J'ai des agents pour cela, et s'ils le découvrent, il y a une récompense... pour moi, qui suis leur chef... C'est toujours ainsi en bonne administration... et cela viendra à merveille avec les idées que j'ai... (Apercevant Géraldine qui sort de la maison et se dirige vers le fond.) Ah! Géraldine... Géraldine! où donc allez-vous ainsi?... quand j'ai à vous parler... (L'amenant par la main.) Il ne faut pas avoir peur, mon enfant... avec moi, votre cousin... Causons un peu des fêtes, des passes d'armes qui vont avoir lieu à l'occasion du mariage de notre féal monarque avec la princesse de Hainaut.

GÉRALDINE.

Quand donc?

BOLBURY.

Demain, à ce qu'on dit... La princesse a déjà été épousée à Arras, et au nom du roi, par le comte de Salisbury... Elle est arrivée hier... mais c'est demain, en grande cérémonie, et dans sa bonne ville de Londres, que le roi lui-même... Ah! mon Dieu! à propos du roi, cet envoyé de la cour, ce jeune homme que j'ai fait entrer là, chez moi, vous l'avez vu?

GÉRALDINE.

Je lui ai fait une belle révérence; il ne s'en est même pas aperçu... tant il était occupé.

BOLBURY.

Occupé!... Et à quoi, s'il vous plaît?

GÉRALDINE.

Debout devant les vitraux de la fenêtre, les yeux continuellement fixés sur la croisée ici en face!...

(Elle désigne la prison.)

BOLBURY.

Celle de mistriss Makinson, la jolie petite femme de maître Makinson, un de mes constables... un gaillard bien fin et bien adroit.

GÉRALDINE.

Je ne sais pas ce que ce petit jeune homme peut avoir à faire dans la maison du constable, mais hier, à la tombée de la nuit, je l'ai vu descendre mystérieusement de cette croisée, au risque de se tuer !

BOLBURY.

Vraiment !... (Riant.) Ah! ah! ah! ah!

GÉRALDINE.

Cela vous fait rire !... Moi, j'ai tremblé pour lui !...

BOLBURY.

Ah! ah! ah! (A part.) Brave Makinson!...

GÉRALDINE, naïvement.

Mais ce pauvre jeune homme, en descendant ainsi de cette croisée, je vous dis qu'il peut se tuer... Il vaudrait bien mieux lui ouvrir la porte...

BOLBURY.

Vraiment !..vous croyez !... Ah! Géraldine! Géraldine, mon enfant, vous êtes un trésor de candeur et d'innocence... et ceci nous amène tout naturellement à l'importante question que je voulais traiter... En vous faisant quitter l'Irlande, et en vous envoyant ici à Londres, pour les fêtes du mariage, chez votre cousin Bolbury le shérif, notre vieille tante Déborah ne vous a rien dit ?...

GÉRALDINE.

Elle m'a dit que je m'amuserais... et je m'ennuie...

BOLBURY.

Je m'en suis aperçu... Depuis huit jours que vous êtes ici... vous êtes triste !

GÉRALDINE.

C'est vrai !

BOLBURY.

Vous soupirez !

GÉRALDINE.

C'est vrai !

BOLBURY.

Vous pleurez même !

GÉRALDINE.

C'est vrai !

BOLBURY.

Cela ne m'étonne pas... jeune colombe irlandaise, dont le cœur se prend aisément, vous aimez ?

GÉRALDINE.

C'est vrai !

BOLBURY.

J'en étais sûr... Et s'il ne tenait qu'à vous d'épouser celui que vous aimez...

GÉRALDINE, vivement, avec transport.

Ah ! ne me dites pas cela !

BOLBURY.

Pourquoi ?

GÉRALDINE.

J'en mourrais de joie !

BOLBURY.

Diable ! il faut prendre garde !... Vous l'aimez donc bien ?...

GÉRALDINE.

Ah ! cela ne vous étonnerait pas si vous le connaissiez !

BOLBURY, avec orgueil.

Je le connais !

GÉRALDINE.

En vérité !... Parlez, alors, parlez... Qu'est-il devenu ?... où est-il ?

BOLBURY.

Qui donc ?

GÉRALDINE.

Tony... si bon, si aimable, si gentil... vous savez bien?

BOLBURY, avec dépit.

Eh! non... je ne sais pas... Je vous parlais d'un autre...

GÉRALDINE.

Et moi, je ne parle que de lui!

BOLBURY.

Et quel est donc ce Tony?

GÉRALDINE.

Un matelot.

BOLBURY.

Un matelot!

GÉRALDINE.

Qui tous les soirs venait chez ma tante Déborah...

BOLBURY.

Il est riche?

GÉRALDINE.

Il n'a rien!

BOLBURY, à part.

Je respire! (Haut.) Et où est-il, maintenant?

GÉRALDINE.

Je l'ignore... Parti sur son vaisseau qui allait remettre à la voile... je lui ai dit de m'écrire ici, à Londres... tous les jours je vais à la maison de poste... j'y vais encore de ce pas...

BOLBURY, avec joie.

Et point de lettres?...

GÉRALDINE.

Aucune!

BOLBURY, de même.

Je comprends!...

GÉRALDINE.

Et, cependant, Meg la devineresse m'a dit que nous nous reverrions... Mais, ce qui m'inquiète, c'est que voilà deux nuits de suite que je vois Tony avec une plume noire à son chapeau... C'est signe de maladie ou de danger...

BOLBURY.

Vous croyez cela ?

GÉRALDINE.

C'est connu !... Tout le monde vous le dira, en Irlande...

BOLBURY.

C'est juste !... (A part.) Ces pauvres Irlandaises sont d'une crédulité... (Haut.) Et dites-moi, Géraldine, il n'a rien reçu de vous ?

GÉRALDINE.

Si vraiment !

BOLBURY, à part.

O ciel !...

GÉRALDINE.

Tout ce que je pouvais lui donner de plus sacré... l'anneau de ma mère...

BOLBURY, à part.

Passe encore !

GÉRALDINE.

Vous n'êtes pas trop fâché, cousin ?

BOLBURY.

Dame ! je pourrais l'être plus... Et encore une question, cousine... Si Tony le matelot était mort ?...

GÉRALDINE, vivement.

Je le suivrais !... Oh ! la vieille Meg me l'a bien dit aussi : « Quand on s'est aimé fidèlement dans ce monde, on se retrouve dans un autre pour être riches, heureux !... »

BOLBURY.

Est-elle superstitieuse !... Et si, tout bonnement, tout uniment, il était infidèle comme tout le monde ?

GÉRALDINE.

Ce n'est pas possible !

DUO.

BOLBURY.

Compter sur la constance
　　D'un matelot !
Ah ! c'est trop d'innocence !
　　Vraiment, bientôt,
D'une telle folie,
　　Oui, vous rirez !
Et vite, je parie,
　　Vous guérirez !

GÉRALDINE, avec sentiment.

J'ai foi dans la constance
　　Du matelot !
Je crois, douce espérance,
　　Le voir bientôt !
Si c'est une folie,
　　Un vain désir,
Laissez-moi, je vous prie,
　　N'en pas guérir !

BOLBURY.

Et moi, pour vous, j'avais une autre envie...
Oui, vous pouviez aspirer à ma main !

GÉRALDINE.

C'est trop d'honneur ! et je vous remercie !
Mais je préfère un plus obscur destin...
　　Je l'aime tant !

BOLBURY.

　　　　Non, de votre âme
Vous bannirez un amour fugitif...

GÉRALDINE.

Je l'aime tant !...

BOLBURY.

　　　　Vous deviendrez la femme,
La femme d'un puissant shérif...

Voilà le vrai, le beau, le positif...
Mais...

Ensemble.

Compter sur la constance, etc.

GÉRALDINE.

J'ai foi dans la constance, etc.

BOLBURY.

De ce Tony déjà le cœur est infidèle !

GÉRALDINE.

Lui me trahir, après tant de serments !

BOLBURY.

Tous ces marins, je les connais, ma belle ;
Comme les flots ils sont changeants !

GÉRALDINE.

M'oublier, lui,
Mon cher Tony !
Mon doux ami !
Non, non, jamais !
A ce malheur si je croyais,
Ah ! j'en mourrais !
Tout me dit qu'en ce jour j'aurai de ses nouvelles !
Cousin, pardonnez-moi
D'avoir donné ma foi !

BOLBURY.

J'ai soumis des cœurs plus rebelles,
De l'hymen avec moi
Vous chérirez la loi...
Du cher Tony je n'ai pas peur !
Dans votre innocent petit cœur,
Je remplacerai le trompeur !

Ensemble.

GÉRALDINE.

L'oublier, lui !
Mon cher Tony ! etc.

BOLBURY.

Du cher Tony, je n'ai pas peur! etc.

(Géraldine sort par le fond à gauche.)

SCÈNE IV.

BOLBURY, seul.

C'est qu'elle est charmante!... j'en suis affolé!... L'aveu qu'elle vient de me faire est une nouvelle preuve de la pureté de son âme... Et cette blanche fleur d'Irlande serait la proie d'un Tony, d'un matelot?... Non, par saint Georges! non! Il ne viendra plus... ou s'il osait reparaître à Londres... il y aurait bien quelque moyen de l'éloigner... la loi doit en avoir... sans cela ce ne serait pas la peine d'être shérif... et il serait pardieu plaisant que ma police servît au repos de tout le monde, excepté au mien!... moi qui sais tout ce qui se passe... (En ce moment, on entend une vive rumeur au fond, et l'on voit Fulby sortir de la maison du shérif et courir sur le lieu du tumulte.) Oh! mon Dieu! quel est ce bruit?... que se passe-t-il par là?... (Il court regarder par la gauche.) Une litière brisée!... une dame qui en descend... Mais elle vient de ce côté... La voici!...

SCÈNE V.

BOLBURY, LA PRINCESSE DE HAINAUT, LE COMTE DE SALISBURY, FULBY, DEUX DAMES, DEUX SEIGNEURS de la suite.

LE COMTE, à la princesse.

Ah! madame, quel événement!

FULBY.

Si madame voulait prendre quelque repos dans la maison de M. le shérif?

BOLBURY.

Ma maison et le peu que je possède sont au service de madame!

LA PRINCESSE.

Je vous remercie, monsieur le shérif... je viens d'envoyer au palais...

BOLBURY, à part.

Au palais!

LA PRINCESSE.

Et dans un instant tout sera réparé.

BOLBURY, à part.

C'est quelque dame de la suite de la princesse...

LE COMTE.

Si le roi savait que sa noble fiancée a couru ce danger!...

BOLBURY, à part.

C'est la princesse elle-même!

LE COMTE.

Quels seraient son chagrin et son inquiétude!...

LA PRINCESSE.

Aussi, ai-je défendu qu'on le lui dise, car, en vérité, cela n'en vaut pas la peine... et notre royal époux a d'autres motifs plus sérieux d'inquiétudes et de craintes... Ces troubles aux portes de Londres... ce faux prince Édouard!

LE COMTE.

Rassurez-vous... des ordres sont donnés partout... on est sur les traces de ce misérable... et bientôt...

BOLBURY, s'avançant.

Il sera notre prisonnier... j'en réponds!... Son Altesse peut compter sur mon zèle, mon activité, mon énergie, mon courage!

LA PRINCESSE, regardant autour d'elle.

J'y compte, monsieur!... mais où sommes-nous ici?...

10.

moi qui arrive et qui ne connais point la belle ville de Londres... Quelle est cette place?

LE COMTE.

Celle du Puits d'Amour!

LA PRINCESSE.

Voilà un joli nom!

BOLBURY.

Trop joli pour un endroit sinistre!... Ce maudit puits est l'épouvantail de tout le quartier... Depuis longtemps nos habitants demandent qu'il soit comblé... mais le feu roi et notre nouveau souverain lui-même, à ce qu'on dit, n'ont jamais voulu permettre...

LA PRINCESSE.

Et pourquoi cela?

LE COMTE, vivement.

Sans doute parce que c'est un débris curieux d'antiquité, auquel se rattachent de vieilles traditions!

LA PRINCESSE, souriant.

Mais qu'a fait ce pauvre puits pour exciter tant de haine et de colère?

BOLBURY.

D'abord, on assure que, la nuit, on a vu souvent sortir de là de grands fantômes qui se répandaient par milliers dans la ville!

LA PRINCESSE, riant.

De grands fantômes!... Cela devient fort amusant...

FULBY, riant.

Comment, monsieur le shérif, vous pouvez croire...

BOLBURY.

Oh! moi, je ne crois pas aux fantômes... je suis un esprit fort... c'est connu!

LA PRINCESSE, le regardant en souriant.

Ah!

BOLBURY.

Mais je puis affirmer à Son Altesse, qu'un soir, il y a un mois à peine, j'ai entendu là des bruits souterrains et d'horribles éclats de rire qui semblaient partir de l'enfer!

LA PRINCESSE, souriant.

S'il en est ainsi, pourquoi donc ce nom de Puits d'Amour?

FULBY.

Parce qu'autrefois, dans un désespoir amoureux, une jeune fille s'y est, dit-on, précipitée... C'est une ancienne légende!

LA PRINCESSE.

Que monsieur Fulby, le fauconnier, connaît sans doute?

FULBY.

Comme tout le monde!...

LA PRINCESSE.

Excepté moi, qui ne suis à Londres que depuis hier...

FULBY.

Je crains que Votre Altesse ne regrette sa curiosité; mais je suis à ses ordres!

LÉGENDE.

Nelly, la jeune fille,
S'en venait chaque jour,
Leste, accorte et gentille,
Emplir sa cruche au puits du carrefour !
Un soir, il arriva
Qu'elle rencontra
Là
Le jeune et brave Edgard,
Archer du roi Richard.
Le bel archer l'aida,
On causa,
Devisa,
Et chaque soir, oui-dà,
On se retrouva
Là.

Que de serments d'amour !
Jusqu'à son dernier jour,
Tout ce qu'elle jura,
Oui, Nelly le tiendra !
  Mais un sentiment
     D'amant
S'envole avec le vent !
Un triste soir, hélas !
Edgard ne revint pas !

Nelly, dans sa douleur,
Attendait le trompeur,
Qu'elle croyait toujours
Fidèle à ses amours !
Elle se plaçait là,
Disant : « Il reviendra... »
Mais tout à coup voilà
Qu'un cortége passa...
Un brillant officier,
Au corsage d'acier,
Allait devant l'autel,
Former nœud solennel !...
Ah ! chacun a frémi ;
   Un cri
  A retenti !
C'est la pauvre Nelly,
  Au front pâli.
Donnant à son Edgard
Triste et dernier regard
  Elle s'élança
    Là,
Et dans l'abîme se jeta !
    Ah !

Depuis ce moment-là,
Dans le puits que voilà
  Nul ne puisa !
Le Puits d'Amour on l'appela,
Et la légende finit là !

Mais l'auteur ajoute cela :

Si, pour serments faits et trahis,
On se jetait au fond d'un puits,
Mes bons amis,
Je vous le dis,
Nos puits seraient bientôt remplis !

LE CHOEUR.

Si pour serments faits et trahis, etc...

LA PRINCESSE, à Fulby.

Merci, monsieur, grand merci !

BOLBURY, qui est remonté vers le fond, redescendant.

Une nouvelle litière arrive du palais... Son Altesse veut-elle qu'on la fasse avancer ?

LA PRINCESSE.

Non... nous allons à sa rencontre... Je vous suis obligée, monsieur le shérif... Votre nom ?

FULBY.

Maître Bolbury !

LE COMTE, vivement et à demi-voix au shérif.

Bolbury ! Vous vous nommez Bolbury ?

BOLBURY.

Oui, monseigneur !

LE COMTE.

Vous êtes le cousin d'une jeune Irlandaise arrivée récemment à Londres ?

BOLBURY.

Miss Géraldine... et pourquoi ?...

LE COMTE.

Oh ! rien... Hier on parlait d'elle à la cour, de sa beauté... de...

LA PRINCESSE, se retournant.

Monsieur le comte !

LE COMTE.

Me voici, me voici, madame !

BOLBURY, à part.

On parle déjà de ma future à la cour!... Me voilà lancé!... je serai grand shérif...

(Il suit la princesse et le comte qui disparaissent par le fond à droite : la nuit commence à venir.)

FULBY, qui a regardé la croisée de la maison à droite.

Rien encore!... qui peut l'empêcher?... (En ce moment un vase de fleurs est placé sur l'appui de la fenêtre.) Ah! enfin, voici le signal...

(Il observe s'il ne peut être vu, ouvre la porte et se glisse rapidement dans la maison : au même instant, paraît par la gauche un homme enveloppé d'un grand manteau et qui semble examiner les localités.)

SCÈNE VI.

LE ROI, seul.

AIR.

C'est bien ici qu'hier j'aperçus cette belle,
Et peut-être à mes yeux viendra-t-elle s'offrir!
Promenons-nous!... Un roi peut faire sentinelle
Quand la consigne est amour et plaisir!

O passe-temps enchanteur!
Sous ce manteau protecteur
L'incognito, c'est le bonheur
Sur terre!
Déguisements,
Accidents
Et dénoûments
Très-piquants,
Vous seuls savez, en tous les temps,
Me plaire!

Qu'entends-je ici, la nuit?...
Un malheureux gémit,
Au désespoir il est réduit...
Il va finir son sort...

Quand une bourse d'or
Soudain
Tombe en sa main !
Comme à sa détresse
Succède l'ivresse !
Trésor et richesse,
Puissé-je sans cesse
Vous placer ainsi !...

Doux passe-temps pour mon cœur,
Des rois plaisir enchanteur,
L'incognito, c'est le bonheur
Sur terre !
Pour la puissance et la grandeur
Voilà le vrai bonheur !

Ici, je vois
Des grivois,
Fêtant Bacchus et ses lois...
— Bravo ! je suis
De votre avis,
Mes frères !
— Vive le roi ! — Doux aspect !
— A sa santé buvons sec !
Mon verre alors se choque avec
Leurs verres !...

Sous ce balcon j'entends
Causer ces deux amants !
« Il faut, hélas ! cruels parents,
« Pour obtenir ta foi,
« Être officier du roi ! »
Sois donc nommé par moi !
Par moi,
Le roi !

Douce jouissance !
Aussi ma puissance,
De la Providence
Usurpe en silence
Les secrets
Décrets !

O passe-temps enchanteur!
L'incognito, c'est le bonheur
Sur terre!
Oui, pour vous, prince ou grand seigneur
C'est là le vrai bonheur!

(Il examine la maison du shérif.)

SCÈNE VII.

LE ROI, LE COMTE, revenant sans voir le roi.

LE COMTE.

La princesse est partie!... j'ai trouvé un prétexte pour ne pas la suivre... Me voilà seul... Géraldine, chère Géraldine!... Elle est là, je vais enfin la revoir!... (Il fait quelques pas vers la maison du shérif et aperçoit le roi qui cherche à regarder par les vitraux.) Quel est cet homme? (Haut.) Que cherchez-vous, mon ami?...

LE ROI, brusquement.

Peu vous importe! Passez votre chemin!

LE COMTE, s'avançant.

Vous le prenez bien haut, mon maître!

LE ROI.

Comme il me convient, brave homme! (Ils se trouvent face à face.) Salisbury!

LE COMTE.

Le roi!

LE ROI.

Que diable faites-vous ici à cette heure, cher comte?...

LE COMTE.

Quelques ordres à donner au shérif pour la cérémonie de demain... Et me sera-t-il permis d'adresser la même question à Votre Majesté?...

LE ROI.

Oh! moi, je me promène... incognito!

LE COMTE.

Comme le sultan *Haroun al Raschid*, pour connaître par vous-même!...

LE ROI.

La manière dont se fait la police... Pour surveiller nos shérifs et nos constables!

LE COMTE.

Ou plutôt, pour leur donner de l'occupation... Ce manteau de couleur sombre m'annonce que Votre Majesté est ce soir en expédition!

LE ROI.

Quelle idée!

LE COMTE.

Ce ne serait pas la première fois!... Du vivant de votre auguste père, j'ai eu souvent, ainsi que nos joyeux compagnons, l'honneur d'escorter le prince royal dans des aventures nocturnes, dont le dénouement...

LE ROI.

N'était pas toujours agréable... témoin cette fois où nous voulions enlever, le jour de sa noce, cette jolie pâtissière...

LE COMTE.

Et tout le quartier ameuté contre nous!

LE ROI.

Et les cris, les menaces!

LE COMTE.

Mieux encore... dont nous avons été assaillis...

LE ROI, vivement.

Incognito!... l'honneur est sauvé... la postérité n'en dira rien...

LE COMTE.

Mais vous étiez garçon, alors... tandis que, demain, votre mariage avec la princesse de Hainaut... princesse accomplie...

####### LE ROI.

Eh! je ne le sais que de reste!... c'est à qui m'accablera de ses vertus... c'est presque une épigramme... et c'est absurde! Car, en ménage comme ailleurs, on ne brille...

####### LE COMTE.

Que par les contrastes!

####### LE ROI, riant.

Comme tu dis!... Et si, par hasard, je me trouve à pied dans ce quartier... c'est que dernièrement j'ai aperçu là, dans cette maison...

####### LE COMTE, à part.

Celle de Bolbury!

####### LE ROI.

Une jeune fille ravissante... des cheveux blonds, des yeux bleus... dont je vous parlais hier...

####### LE COMTE, à part.

C'est Géraldine!

####### LE ROI.

Une tête d'ange ou de madone, comme ils disent en Italie... Et, aujourd'hui, presque sans le vouloir, j'ai dirigé ma promenade de ce côté pour la revoir et l'admirer... comme objet d'art... voilà tout... Y a-t-il de quoi me gronder?...

####### LE COMTE.

Peut-être!

####### LE ROI.

Du reste, et pour mettre un terme à tes sermons, j'ai un moyen que je te dirai ce soir à notre dernière nuit de garçon... Car, vous le savez, nous nous réunissons à minuit, au rendez-vous ordinaire... Tous nos initiés sont prévenus... joyeux souper, vins exquis! fête enivrante! Nous attendons même un nouvel adepte, lord Clarendon... Mais, tout brave qu'il se dit, il n'osera pas, j'en suis sûr, tenter la fatale épreuve.

LE COMTE.

Et c'est ainsi que Votre Majesté renonce à ses folies de jeunesse?

LE ROI.

Je t'ai déjà dit que c'était la dernière... il faut bien qu'il y en ait une... Après cela, nous serons tous sages, tous mariés...

LE COMTE, vivement.

Parlez pour vous, Sire!

LE ROI.

Non pas... qui m'aime me suive!... et c'est là le projet que j'ai sur vous!

LE COMTE.

Quoi! Votre Majesté y pense encore?

LE ROI.

Plus que jamais!... C'est une riche et belle héritière du pays de Galles, miss Oventry, que je te destine... Elle arrivera dans quelques jours... la reine, qui est prévenue, la nomme d'avance sa première dame d'honneur, et toi grand maître du palais...

LE COMTE.

Mais, Sire...

LE ROI.

Point d'objections! nous le voulons... Ah! mon bel ami, vous ririez trop de nous, si vous restiez libre... Vous vous moqueriez de votre pauvre maître enchaîné au joug de l'hymen... Non, non, vrai Dieu!... Devenu mari, je veux que tous mes favoris le deviennent à leur tour... C'est exemplaire et moral!

LE COMTE.

Cependant, Sire...

LE ROI.

Ma faveur est à ce prix.... Je n'accorde plus rien aux célibataires...

LE COMTE.

Votre Majesté me permettra bien un jour de réflexions... En attendant, je dois la prévenir que, quelques instants plus tôt, elle se serait trouvée ici avec son auguste fiancée, la princesse de Hainaut... Un accident arrivé à sa voiture...

LE ROI.

Point de dangers?

LE COMTE.

Non, sans doute... mais son fiancé ferait peut-être bien d'aller au palais s'informer de sa santé...

LE ROI.

J'y cours!... D'autant plus que ce soir je ne compte pas paraître à son cercle!

LE COMTE.

Où les ambassadeurs du Hainaut viennent prendre congé!

LE ROI.

Justement!... La Flandre et le Hainaut sont ennuyeux à périr... Tu les recevras pour moi... et tu bâilleras pour notre compte, toi qui as déjà épousé ma femme par procuration!

LE COMTE.

Mais comment justifier votre absence?

LE ROI.

Des affaires d'État... On en a toujours à volonté! Pendant ce temps, je serai avec nos convives, au lieu de nos réunions, où tu viendras nous rejoindre après le départ de l'ambassade... (En ce moment on voit le constable Makinson se diriger vers sa maison et rentrer par la porte où s'est glissé Fulby.) Silence! voici quelqu'un... Ah! c'est un constable qui rentre tranquillement chez lui... Adieu, je retourne au palais... A ce soir, mon fidèle compagnon... N'oublie pas que tu dois partager toutes les folies de ton maître, y compris même le mariage!

(Il disparaît par le fond.)

SCÈNE VIII.

LE COMTE, seul.

Me marier! me marier!... Il dit vrai... ma fortune, ma grandeur à venir en dépendent. D'ailleurs, et quelque amour qu'elle m'inspire, je ne puis jamais penser à épouser Géraldine... ce serait me perdre... et la tromper... la séduire... elle si dévouée, si vertueuse!... plutôt renoncer à elle et lui rendre ses serments... Oui, oui, j'agirai en honnête homme... je ne la reverrai plus!

(A ce moment, Fulby sort par une fenêtre de la maison du constable, saute à terre et tombe presque aux pieds du comte.)

SCÈNE IX.

FULBY, LE COMTE.

LE COMTE, stupéfait.

Fulby!

FULBY.

Moi-même, monsieur le comte... Pardon de ma brusque arrivée... mais ce damné constable, on dirait qu'il le fait exprès... C'est la seconde fois qu'il m'oblige à sauter ainsi depuis hier...

LE COMTE.

Et d'où sors-tu, malheureux?...

FULBY.

Dame! monseigneur, quand l'hymen entre par la porte, l'amour s'en va par la fenêtre...

LE COMTE.

Mauvais sujet!

FULBY.

Ah! ne me grondez pas!... J'ai tort, je le sens bien... moi qui, par votre protection, ai été nommé fauconnier du roi, et d'aujourd'hui son échanson... moi qui, grâce à vos bontés, me trouve placé à la brillante cour d'Édouard, je devrais n'adresser mes hommages qu'à des ladies, à des comtesses, à des duchesses... je me devrais cela à moi-même, et à vous surtout, mon protecteur, qui répondez de moi... Mais, que voulez-vous!... elle est si jeune, si jolie et si aimable!...

LE COMTE.

Eh! qui donc?

FULBY.

Je n'ose pas vous le dire... la femme d'un constable...

LE COMTE.

Il serait possible!

FULBY.

Oui, milord!... son mari n'est que constable... j'en rougis pour lui!... mais peut-être un jour pourra-t-il être mieux que cela?...

LE COMTE, souriant.

Cela commence déjà!

FULBY.

En attendant, il est défiant, et surtout jaloux... il revient toujours au moment où on ne l'attend pas... Aussi, nous avons pris pour l'avenir des précautions...

LE COMTE.

C'est bon!

FULBY.

Cette pauvre Betzy m'a fait faire une seconde clef d'une porte secrète... parce que, de sauter, comme tout à l'heure, par la fenêtre, ou de courir comme l'autre jour sur les toits, il y a de quoi se tuer... sans compter que j'ai été vu par une voisine en face, la cousine du shérif!

LE COMTE.

Géraldine?

FULBY.

Ah! vous savez son nom?... Une jolie fille aussi... elles sont toutes jolies dans ce quartier-là...

LE COMTE.

Tais-toi!

FULBY.

Vous la connaissez?

LE COMTE.

Oui, oui... Tu peux même me rendre un très-grand service!

FULBY.

Parlez, milord... je serai trop heureux...

LE COMTE.

Au fait, puisque tu m'as confié tes amours, je puis te dire les miennes!

FULBY.

C'est bien de l'honneur pour moi!...

LE COMTE.

Il y a trois mois, en Irlande, où j'étais allé recueillir la succession de lord O'Donnel, mon oncle... tous les jours je la voyais, sans lui dire qui j'étais... Elle eût repoussé les hommages du grand seigneur... mais elle accueillit Tony le matelot avec tant de confiance et d'amour... et lorsque, rappelé par le roi, pour son mariage, il me fallut revenir à Londres, je lui dis que je partais... que j'allais en mer!

FULBY.

Et aujourd'hui vous voulez la voir?...

LE COMTE.

Non!... ce serait la tromper!... car je vais me marier... Il le faut!... le roi le veut... le roi, dont je suis le favori, parce que j'ai partagé jusqu'ici toutes ses extravagances!

FULBY.

Ce qui ne vous déplaisait pas trop !...

LE COMTE.

Eh ! si vraiment !... Édouard aime les scènes d'orgie et de débauche !... et mon goût, à moi, me portait vers les plaisirs purs et tranquilles; mais il fallait plaire au maître !...

FULBY.

Et, vertueux par penchant, vous vous êtes fait mauvais sujet...

LE COMTE.

Par flatterie !... C'est bien mal, n'est-ce pas ? Mais méditer de sang-froid la ruine et le déshonneur d'une pauvre fille, qui m'aime et qui croit en moi... étouffer dans les plaisirs la voix du remords... j'ai eu beau faire... je n'en suis pas encore arrivé là... je n'en ai pas le courage... et je veux rendre à Géraldine le repos et la liberté !...

FULBY.

Ah ! c'est bien, milord, c'est bien !... Voilà une conduite loyale et digne d'un vrai gentilhomme...

LE COMTE.

Mais pour achever mon ouvrage, Fulby, j'ai besoin de toi !

FULBY.

Comment cela ?

LE COMTE.

Je ne dois pas... je ne peux pas revoir Géraldine... toutes mes résolutions pour son repos et son bonheur faibliraient devant un de ses regards... Mais voilà un anneau qu'elle avait donné à Tony le matelot, et que je devais garder tant que je l'aimerais... c'est-à-dire, jusqu'à la mort... Tu le lui remettras demain...

FULBY.

J'entends... en lui disant qu'elle est libre... et qu'une autre femme, un autre amour...

LE COMTE.

Oh ! non !... Géraldine me croire infidèle !... Je veux qu'elle garde de Tony un tendre et pieux souvenir !

FULBY.

Je lui dirai qu'il n'est plus !

LE COMTE.

Oui... (Hésitant.) Mais si cependant sa douleur, son désespoir !...

FULBY.

Rassurez-vous, milord... elle se calmera... Croyez-moi... une femme aime mieux savoir son amant mort qu'infidèle !

LE COMTE.

Chère Géraldine !... Fulby, j'ai foi dans ton zèle, dans ton amitié !...

ROMANCE.

Premier couplet.

J'aurais voulu rester pour elle
Toujours Tony... vœux superflus !
Il faut la fuir ! peine cruelle !
Dis-lui que son Tony n'est plus !
Par l'amour qu'elle avait fait naître
Tony ne doit plus s'animer...
Mais dis-lui qu'il a cessé d'être
Sans jamais cesser de l'aimer !

Deuxième couplet.

Qu'elle m'oublie et qu'elle espère
Un avenir consolateur !
Ange laissé sur cette terre,
Qu'elle y connaisse le bonheur !
Par l'amour qu'elle avait fait naître
Tony ne doit plus s'animer !...
Mais dis-lui qu'il a cessé d'être
Sans jamais cesser de l'aimer !

(Il remet un anneau à Fulby, en lui faisant encore des recommandations à voix basse. Fulby le reconduit jusqu'au fond à gauche. Le comte sort. Pendant ce temps, Géraldine a paru au fond à droite.)

SCÈNE X.

GÉRALDINE, FULBY.

FINALE.

GÉRALDINE, entrant tristement.
De mon Tony pas de nouvelle!

FULBY, revenant, à part.
Que vois-je! c'est elle! c'est elle!

GÉRALDINE, à part.
Il me faut attendre à demain!

FULBY, à part.
Qu'elle est jolie! oui, ce serait dommage
De la tromper... de flétrir son destin!

GÉRALDINE, à part.
Mais je ne sais... un sinistre présage
En cet instant augmente mon chagrin!

FULBY, à part.
La voilà seule... A remplir mon message
Je puis songer... sans remettre à demain!

Ensemble.

GÉRALDINE, à part.
Oui, malgré moi de sinistres présages
Viennent, hélas! augmenter mon chagrin!
Pour lui je crains les flots et les orages!
Mon Dieu! mon Dieu! veillez sur son destin!

FULBY, à part.
J'hésite encore... allons, prenons courage!
Un noble but doit m'inspirer soudain...
C'est pour sauver son honneur du naufrage,
Qu'il faut, hélas! lui causer du chagrin!

FULBY, arrêtant Géraldine qui va pour entrer dans la maison de Bolbury.
Un mot, ma chère enfant!

GÉRALDINE, avec quelque effroi.
C'est vous, monsieur le page!
Si tard, que cherchez-vous ici?

FULBY.
Vous!

GÉRALDINE.
Moi!

FULBY.
Je viens vous parler d'un ami!

GÉRALDINE, avec surprise.
D'un ami?...

FULBY.
De Tony!

GÉRALDINE, vivement.
Il se pourrait... vous connaissez Tony?

FULBY.
Avant d'être à la cour, avec lui j'ai servi!
Nous étions du même équipage!

GÉRALDINE, vivement.
Reviendra-t-il bientôt de son lointain voyage?

FULBY, hésitant et avec précaution.
De sa part... tout à l'heure, on m'a remis ce gage
Pour vous!

(Il lui présente la bague.)

GÉRALDINE, la prenant avec angoisse.
Dieu! mon anneau! mon espoir est trahi!
Tony ne m'aime plus!

(Elle s'assied sur le banc.)

FULBY, lui prenant la main.
Ayez force et courage!
Et ne doutez jamais de lui!

Par l'amour qu'il vous fit connaître
Tony ne doit plus s'animer...
Apprenez qu'il a cessé d'être,
Mais sans jamais cesser de vous aimer !

GÉRALDINE, atterrée, et d'une voix étouffée, à part.

Tony ! Tony ! pauvre Tony !
Pour moi, pour moi, tout est fini !

FULBY, s'approchant d'elle.

Si je pouvais calmer le trouble où je vous vois !

GÉRALDINE.

Non, non, c'est inutile ;
Je suis calme, tranquille...
Laissez-moi ! laissez-moi!

FULBY, à part.

Et moi qui m'attendais à des cris, à des larmes !
Je me rassure et vois déjà
Que la jeune beauté, bannissant ses alarmes,
Bientôt se consolera.
Comme tant d'autres, certe, elle se calmera !

(Il sort en souriant.)

SCÈNE XI.

GÉRALDINE, seule, assise sur un banc de pierre.

Tony ! Tony !
C'est son anneau ! c'est lui !

(Elle porte l'anneau à ses lèvres, met sa tête dans ses mains, fond en larmes, et la musique exprime le passage de la douleur à l'égarement ; elle se lève.)

AIR.

Ma tête s'égare,
Et de moi s'empare
Affreux désespoir !...
Ne plus le revoir !
Non, c'est impossible !
Un sort invincible

Veut, dans ses rigueurs,
Séparer nos cœurs !
L'amour qui m'enivre
Saura nous unir !...
Oui, je veux le suivre
Et pour lui mourir !

Sur cette terre, en mes douleurs cruelles,
Hélas ! que ferais-je sans lui ?
Tony, Tony, tu m'appelles !
Mon bien-aimé, me voici !
Me voici !

Ma tête s'égare,
Et de moi s'empare
Affreux désespoir !...
Ne plus te revoir !...
Non, c'est impossible !
Un sort invincible
Veut, dans ses rigueurs,
Séparer nos cœurs !
L'amour qui m'enivre
Saura nous unir !...
Oui, je veux te suivre
Et pour toi mourir !

Tony ! Tony !
Me voici !
Mon bien-aimé, me voici !

(Elle s'élance sur la margelle du puits et se précipite dans l'abîme.)

ACTE DEUXIÈME

Une salle souterraine. — A gauche, sur le premier plan, une porte recouverte d'une riche portière. Sur le deuxième plan, une autre porte. A droite, au premier plan et vis-à-vis du public, une statue qui tourne sur son piédestal et laisse voir un escalier taillé dans le roc. Une autre porte. A droite, un divan. Au fond, un dressoir chargé de coupes et d'argenterie. Tables, etc.

SCÈNE PREMIÈRE.

LE COMTE, FULBY.

(Au lever du rideau, la statue à droite s'écarte, et l'on aperçoit le comte de Salisbury et Fulby descendant l'escalier.)

LE COMTE.

Avance!... avance!... et n'aie pas peur!

FULBY, derrière le comte.

Quarante-deux marches depuis le cabinet du roi... (Regardant autour de lui avec étonnement.) Où sommes-nous maintenant?...

LE COMTE.

Attends que j'aie fermé cette issue... la seule qui conduise au palais...
(Il touche un ressort, la statue se replace devant l'escalier qu'elle referme.)

FULBY.

Il me semble être dans un conte de fées, et je me demande à quoi peut servir cette pièce si richement décorée?

LE COMTE.

C'est un des appartements de ce palais souterrain... et tu ne vois rien encore... (Montrant la droite.) De ce côté sont des salons magnifiques, des boudoirs élégants et mystérieux, que tu connaîtras plus tard... Cette pièce est pour toi la principale, celle où tu dois exercer tes nouvelles fonctions d'échanson.

FULBY.

La salle à manger?...

LE COMTE.

Tu l'as dit... et je n'ai pas besoin de te recommander une inviolable discrétion... Être admis dans les plaisirs d'un roi, c'est une faveur souvent fatale... Il y va de la fortune ou de la tête...

FULBY.

Je tâcherai que l'une ne me fasse pas perdre l'autre... Mais vous, milord, qui êtes mon protecteur et mon maître, daignez me dire ce que j'aurai à faire...

LE COMTE.

Rien de plus simple... Une vingtaine de jeunes seigneurs vont venir jouer, souper et s'enivrer... C'est toi qui leur verseras à boire.

FULBY.

J'aurai de l'ouvrage !

LE COMTE.

Mais oui... Aujourd'hui surtout... car il y a réception d'un nouvel initié, d'un nouveau favori, lord Clarendon... si toutefois il a le courage de tenter l'épreuve ordinaire.

FULBY.

Laquelle ?...

LE COMTE.

Silence !... Il faut tout voir, tout entendre, et n'interroger personne.

FULBY.

C'est pour cela, milord, que si vous vouliez d'abord tout me dire, je n'aurais plus rien à demander...

LE COMTE, souriant.

C'est juste... Eh bien donc, notre nouvel échanson, tu as pu entendre dire que le feu roi, qui avait passé sa vie à tyranniser ses sujets, avait trouvé en eux une affection...

FULBY.

Égale à ses bienfaits!...

LE COMTE.

Sa popularité était devenue telle, qu'il redoutait, à chaque instant, quelque visite imprévue et tumultueuse, et, pour échapper aux surprises nocturnes, il avait fait pratiquer dans son palais diverses issues secrètes... (Montrant la statue à droite.) entre autres celle-ci... Cet escalier...

FULBY.

Que nous venons de parcourir...

LE COMTE.

Qui conduisait de son cabinet dans cette salle souterraine... ensuite (Montrant la première porte à gauche.) dans une chambre voisine, où un puits à moitié ruiné donnait sortie sur une place de Londres, vis-à-vis la maison de Bolbury.

FULBY.

Le Puits d'Amour!...

LE COMTE.

Justement... Après la mort du roi, le prince Édouard, qui lui ressemble peu, et qui ne craint rien, que de ne pas s'amuser, a fait servir tout ceci à ses plaisirs secrets... Dans ces salons, témoins de banquets et de bals des plus joyeux, sont entassés les plus riches ou les plus bizarres costumes; c'est de là que le prince, qu'on croit souvent livré à de graves travaux, s'échappe, la nuit, pour aller, avec ses favoris, courir les rues de Londres; c'est par là qu'après de joyeuses orgies, il se dérobe souvent aux poursuites des constables, tout étonnés d'avoir perdu ses traces... Bien plus encore... une des chimères du prince est de ne vouloir auprès de lui que des amis véritables ; et, pour s'assurer du dévouement de ceux qu'il admet dans son intimité, voici une des épreuves auxquelles il les soumet : il leur demande par exemple : — « M'aimez-vous autant que vous-même ? » Et tous les courtisans de répondre : — « Ah ! Sire, cent fois plus encore ! » — « Exposeriez-vous vos jours pour moi ? » — « Trop heureux d'un pareil sacrifice... mon sang ! ma vie !... à l'instant même ! » — « S'il en est ainsi, ce soir, je vous ordonne, au risque de ce qui pourra en arriver, de vous précipiter dans le puits du carrefour. »

FULBY.

Eh bien ?

LE COMTE.

Eh bien, de deux ou trois cents amis dévoués, quelques-uns seulement eurent ce courage... Je fus de ce nombre, et voici tout le danger que l'on a à courir : grâce à un mécanisme ingénieux, ouvrage du Vénitien Vazzanina, celui qui, intrépidement, se lance dans le précipice, est à peine descendu à quelques pieds, qu'il tombe sur de beaux coussins de velours, et descend doucement (Montrant la première porte à gauche.) dans la chambre voisine, où le prince, après lui avoir donné l'accolade, l'amène ici prendre place à ses côtés à quelque banquet mythologique, où, sous des habits de caractère, tous les convives s'enivrent jusqu'au jour.

FULBY.

C'est ce qui va arriver ce soir à lord Clarendon... le nouvel adepte ?

LE COMTE.

S'il ose s'exposer au prétendu danger, dont le mécanisme préservateur est déjà préparé.

FULBY.

Il ne l'est donc pas toujours ?

LE COMTE.

Non, sans doute... seulement les jours d'épreuves ou les jours de nos réunions... afin que, sans se présenter au palais, nos fidèles puissent secrètement entrer ou sortir par cette issue...

FULBY.

Et vous allez ainsi passer une joyeuse soirée?...

LE COMTE.

Moi!... Oh! non, du tout... car j'ai promis au roi, qui doit se dire malade, de remonter au palais, et de tenir sa place dans la salle de réception jusqu'au départ des ambassadeurs.... Mais si je ne pouvais te revoir, n'oublie pas, demain, le message dont je t'ai parlé pour cette pauvre Géraldine.

FULBY.

Si ce n'est que cela, soyez tranquille... c'est déjà fait...

LE COMTE, revenant vivement.

Et tu ne m'en parlais pas ?

FULBY.

Non vraiment, attendu qu'il n'y a pas de quoi se presser...

LE COMTE.

Eh! pourquoi cela ?

FULBY.

C'est que vous sembliez craindre, milord, un amour et un désespoir... qui ont été des plus raisonnables...

LE COMTE, avec chagrin.

Est-il possible !

FULBY.

Je vous promets que ça ne durera pas, et que celle-là sera bien vite consolée, si elle ne l'était pas déjà d'avance.

LE COMTE.

Ah! c'est indigne !... Non... non... de quoi vais-je me fâcher ? Je le voulais... je le désirais... je dois me réjouir ;

et, puisque celle-là n'aimait pas... me voilà guéri de ma constance et de ma loyauté... J'y renonce pour jamais.

FULBY, gaîment.

Et vous faites bien, milord, ici, à la cour, c'est du luxe...

ROMANCE.

Premier couplet.

Le temps emporte sur ses ailes
Les chagrins prompts à s'envoler,
Et de l'oubli des infidèles
Il faut gaiment se consoler.
Oui, séchons des larmes cruelles,
Car il n'est pas juste ici-bas
Que les douleurs soient éternelles,
Quand les amours ne le sont pas!

LE COMTE, écoutant du côté de la première chambre à gauche.

Tais-toi!... N'entends-tu pas dans la chambre voisine?... Quelqu'un gémit!...

FULBY, écoutant.

Oui... c'est de ce côté...

LE COMTE.

Bravant la peur, qui, dit-on, le domine,
Lord Clarendon s'est-il précipité?

FULBY.

J'y cours!
(Il s'élance par la première porte à gauche, et disparaît.)

Deuxième couplet.

LE COMTE, seul, affectant une grande gaîté.

Je veux au plaisir qui m'appelle,
Désormais, consacrer mes jours,
Et des mépris d'une infidèle
Me venger par d'autres amours!
Je veux courir de belle en belles;
Ce serait folie ici-bas
De garder larmes éternelles
Aux amours qui ne le sont pas!...

SCÈNE II.

LE COMTE, FULBY, sortant de la chambre à gauche.

FULBY, à demi-voix, vivement.

Milord!... milord!...

LE COMTE.

Eh bien!... lord Clarendon ?

FULBY.

Ce n'est pas lui... une jeune fille évanouie, qui revient à elle... A quelques mots qu'elle a prononcés, j'ai compris qu'elle s'était jetée dans le puits par désespoir amoureux...

LE COMTE.

Allons donc !

FULBY.

Et, m'avançant alors, j'ai reconnu...

LE COMTE.

Qui donc ?

FULBY.

Géraldine !

LE COMTE, vivement.

Géraldine !

FULBY, le retenant.

En ce moment elle se croit morte et dans un autre monde.

LE COMTE.

Ah ! courons ! (s'arrêtant.) Grand Dieu !... si nous étions surpris !... si le roi ou ses amis venaient en ce moment !...

FULBY.

Ne craignez rien, je veillerai.

(Conduit par le comte, il remonte l'escalier à droite, dont la statue se referme sur lui.)

SCÈNE III.

GÉRALDINE, LE COMTE, se tenant d'abord à l'écart.

DUO.

GÉRALDINE, à peine revenue à elle, et s'avançant sur le théâtre.
Oui, j'ai juré de le suivre,
De revoir mon doux ami !
Là haut je ne pouvais vivre,
Mon cœur était avec lui !
(Elle se retourne, aperçoit le comte, pousse un cri et court dans ses bras.)
C'est lui !... c'est lui... le ciel exauce ma prière !

LE COMTE, la regardant avec amour.
Pour moi ma bien-aimée a donc quitté la terre ?

GÉRALDINE.
La vie était sans toi plus triste que la mort,
Et je viens de mourir pour partager ton sort.

LE COMTE, à part.
Ah ! que sa douce erreur pour mon cœur a de charmes !

GÉRALDINE.
Quoi ! tu pleures !... doit-on connaître ici les larmes ?...

LE COMTE.
Des larmes de bonheur !

GÉRALDINE, regardant le comte qui est couvert de riches habits.
Mais quel air radieux !
Tony le matelot, si pauvre encor naguère !

LE COMTE, la serrant dans ses bras.
Est heureux maintenant.

GÉRALDINE.
Oui, qui souffre sur terre
En est récompensé, je le vois, dans les cieux !

Ensemble.

LE COMTE.
O vue enchanteresse !

C'est ici le séjour
De l'éternelle ivresse,
De l'éternel amour!
O volupté suprême!
O volupté des dieux!
Oui, pour celui qui t'aime
Le ciel est dans tes yeux!

GÉRALDINE, en extase.

O vue enchanteresse!
C'est ici le séjour
De l'éternelle ivresse,
De l'éternel amour!
O volupté suprême!
O volupté des dieux!
Je revois ce que j'aime!
Pour moi s'ouvrent les cieux!

LE COMTE, à Géraldine, dont les genoux fléchissent.

Quoi! tu chancelles!

GÉRALDINE.

Oui, tant de bonheur m'oppresse...
Et près de toi, mon seul trésor,
Je mourrais de joie et d'ivresse,
Si je pouvais mourir encor!

Ensemble.

LE COMTE.

O vue enchanteresse! etc.

GÉRALDINE.

O vue enchanteresse! etc.

SCÈNE IV.

Les mêmes; FULBY.

FULBY, redescendant vivement l'escalier à droite et s'approchant du comte, lui dit à voix basse.

Milord, milord! le roi s'apprête à sortir de son cabinet.

LE COMTE, à voix basse, regardant Géraldine.

Ah! qu'il ne la voie pas! (Avec impatience.) Et la quitter en ce moment... pour aller recevoir les envoyés du Hainaut!...

FULBY, de même.

Ne craignez rien, je serai près d'elle...

LE COMTE, de même.

Reconduis-la vite... là-haut... chez elle... sans lui rien dire... Plus tard je lui expliquerai...

GÉRALDINE, revenant sur le bord du théâtre et voyant Fulby vêtu de riches habits.

Et lui aussi, le pauvre enfant!... mort!... mort comme moi...

FULBY, souriant.

Oui, exactement comme vous.

GÉRALDINE.

Je disais bien qu'il se tuerait à courir ainsi sur les toits!... (Avec naïveté.) Est-ce comme ça, que ça vous est arrivé?...

LE COMTE.

Partez, Géraldine, partez!

GÉRALDINE.

Partir!

LE COMTE.

Oui, dans ce moment, il le faut... Encore quelques instants de séparation, et après... réunis pour ne plus nous quitter... Adieu!

(Au moment où Géraldine tourne la tête, il s'élance par l'escalier, et disparaît; la statue se replace et ferme l'issue.)

GÉRALDINE, se retournant, et avec stupéfaction.

Disparu! et avant de nous revoir, séparés encore!... Pourquoi?

FULBY.

Pourquoi!... parce qu'il y a des dangers que vous ne pouvez comprendre et qui vous menacent.

GÉRALDINE.

Ici!... des dangers!...

FULBY, vivement.

Oui, vraiment... et si vous êtes docile, si vous me suivez sans rien demander... plus rien à craindre pour vous et pour lui!...

GÉRALDINE, vivement.

Pour lui?... Me voilà... me voilà! Partons.

FULBY, l'entraînant vers la porte à gauche.

Venez...

(Ils vont pour entrer par la première porte à gauche, un grand bruit et des éclats de rire se font entendre. La musique commence.)

FULBY, s'arrêtant et écoutant.

Non... attendez.... (A part.) Nos jeunes seigneurs qui arrivent...

GÉRALDINE, effrayée.

Ah! mon Dieu! on dirait un rire de démons...

FULBY.

C'est cela même!... vous l'avez dit... Il faut les éviter!... Là, de ce côté... dans cette pièce que je regardais tout à l'heure... (Lui montrant la deuxième porte à gauche.) Et surtout ne sortez pas que je ne vienne vous chercher...

GÉRALDINE.

Oui... oui, monsieur...

(Elle entre dans la seconde chambre à gauche. Fulby referme vivement la porte, dont il prend la clef.)

SCÈNE V.

FULBY; NOTTINGHAM, QUELQUES AMIS DU PRINCE sortent de la première porte à gauche, en riant aux éclats, LE ROI paraît ensuite par l'escalier, suivi D'AUTRES SEIGNEURS.

NOTTINGHAM, annonçant.

Le roi, messieurs !

(Tous s'inclinent avec respect.)

LE ROI, riant.

Lord Clarendon, malgré son courage invincible,
N'a pas osé tenter cette épreuve terrible.
　　Il faudra nous passer de lui...
Que ferons-nous ce soir ?...

TOUS.
　　Parlez !

LE ROI.
　　　　　　Non, Dieu merci !...
C'est à vous de chercher.

LE CHOEUR.
　　　　　　Cherchons donc, mes amis !
Cherchons, cherchons donc, mes amis !
Hors la raison, tout est permis,
Et les refrains les plus hardis,
Et les plus piquantes houris,
Un jeu d'enfer, des vins exquis...
　　Que leurs flots coulent !
　　Que les dés roulent !
Cherchons bien, cherchons, mes amis ;
Hors la raison, tout est permis !

(Tout à coup la voix de Géraldine se fait entendre. Tous s'arrêtent avec étonnement.)

GÉRALDINE, dans la deuxième chambre à gauche.
　　Dieu tutélaire,
　　En toi j'espère !

Que ma prière
Monte vers toi !
Ma voix t'implore !
Lui que j'adore,
Qu'il vienne encore
Auprès de moi !

TOUS, écoutant.

Une femme en ces lieux !

NOTTINGHAM.

Une voix inconnue !

LE ROI.

Par qui donc le secret a-t-il été trahi ?

FULBY, à part.

Ah ! c'en est fait ! l'imprudente est perdue !

NOTTINGHAM, montrant la deuxième porte à gauche.

C'est par ici !...

TOUS.

C'est par ici !

(Le roi s'élance vers la porte à gauche.)

LE ROI.

Mais je ne puis ouvrir cette porte... Qui de vous en a la clef ?... Nottingham ?... Fulby ?...

NOTTINGHAM.

Ce n'est pas moi...

FULBY, avec embarras.

Ni moi, Sire... je vous assure...

LE ROI.

Eh bien ! brisons la porte...

TOUS, excepté Fulby.

Oui... oui... brisons la porte !...

(Ils s'élancent.)

FULBY, se jetant à genoux devant le roi.

Non, Sire, non... je vous en supplie !

LE ROI, revenant sur le devant de la scène.

Connaîtrais-tu la dame mystérieuse ?...

FULBY.

Oui, Sire...

LE ROI.

C'est peut-être lui qui a eu l'audace de l'amener ?...

FULBY, très-troublé.

Moi !... c'est-à-dire...

NOTTINGHAM, sévèrement.

Voilà le coupable !...

FULBY, s'inclinant.

Pardon, Sire...

LE ROI, sévèrement.

Il ne s'agit pas de cela... (Le faisant relever.) Est-elle jolie ?...

FULBY.

Charmante... hélas !...

LE ROI.

Il n'y a que cela qui t'excuse... Est-ce ta maîtresse ?

FULBY, hésitant.

Mais... c'est possible...

LE ROI.

Voyez-vous, déjà... (D'un ton de reproche.) Libertin !... (Se retournant vers Nottingham, à voix basse.) Le comte de Salisbury avait raison de me le recommander pour échanson... Il a des dispositions...

NOTTINGHAM, s'inclinant.

Oui, Sire... Et puis, il est à bonne école !... A force de nous verser à boire, il apprendra...

LE ROI.

Comment le roi boit ! (Se tournant vers Fulby.) Fulby, nous vous pardonnons... à vous !... (Avec solennité.) Mais les lois avant tout... celles du fisc sont sévères et inflexibles, tout ce qui entre ici en fraude est confisqué à notre profit...

FULBY, effrayé.

O ciel!

LE ROI.

Je l'ai dit.

TOUS.

Le roi l'a dit!..

LE ROI, se dirigeant vers l'appartement à gauche.

Et je vais à l'instant même...

FULBY, l'arrêtant.

Non, Sire! que Votre Majesté prenne bien garde! la jeune fille qui est là ne m'appartient pas; elle n'a pas été amenée, ni cachée par moi... elle y est venue toute seule et d'elle-même...

LE ROI.

Et d'où est-elle venue?

FULBY.

De là-haut! par le puits...

LE ROI.

Par le puits!

FULBY.

Dans un désespoir d'amour, elle s'est précipitée...

LE ROI.

Pas possible!

FULBY.

Et ce qui vous paraîtra plus extraordinaire encore, c'est que, depuis quelques instants qu'elle est ici... elle pense avoir perdu la vie et se croit dans les régions infernales...

LE ROI.

Admirable!... Que rien ne détruise son erreur!... au contraire... Habitants de l'autre monde, que chacun soit à son rôle et à sa réplique... Entourons la nouvelle venue de tant d'hommages et de plaisirs, que, s'il faut plus tard qu'elle revoie le jour et retourne sur terre, elle y regrette toute sa vie le temps de son trépas.

NOTTINGHAM.

Je comprends... (Il parle bas à plusieurs seigneurs qui sortent par le fond.) Allez, mes amis, allez!...

LE ROI.

Ici, la salle du banquet; et quand ses lèvres auront effleuré ce nectar... (A Nottingham.) tu sais... qui procure si douce ivresse, et surtout si doux sommeil... (A Fulby.) C'est toi qui verseras...

FULBY, à part.

O ciel!... (Haut.) Qui, moi?...

LE ROI.

Toi-même, et à coupe pleine... (A Nottingham.) Elle croira, en revenant à la vie et en voyant son maître à ses genoux, avoir quitté les enfers pour l'Olympe.

FULBY, à part.

Passe pour l'enfer, mais l'Olympe... c'est trop fort!... Je ne puis, je ne dois pas souffrir...

LE ROI.

Qu'as-tu donc? puisque ce n'est pas toi qu'elle aime et dont elle est aimée!...

FULBY.

Non... non, sans doute... Mais, s'il faut tout vous avouer... celui qui l'adore est un noble seigneur, qui m'avait chargé de la conduire chez elle... un des favoris, un des amis de Votre Majesté...

LE ROI.

Et qui donc?

FULBY.

Le comte de Salisbury.

LE ROI.

Salisbury!

LE ROI et NOTTINGHAM.

Trahison! trahison!
Pareille défiance
Est pour nous une offense
Indigne de pardon.
Non, non, point de pardon!

NOTTINGHAM.

Nous cacher son amour!

LE ROI.

Plus encor!... sa maîtresse!...

NOTTINGHAM.

Lorsque, d'après nos lois, et d'après nos statuts,
Tous les secrets d'amour doivent être connus!

LE ROI.

Moi, qui lui disais tout, ou fillette ou princesse!

NOTTINGHAM.

C'est manquer à son prince, ainsi qu'à l'amitié.

FULBY, timidement.

Mais, messieurs, cependant...

NOTTINGHAM.

Une action si noire
De nous ne doit attendre excuse ni pitié!

LE ROI.

Et lui ravir sa belle est œuvre méritoire.

NOTTINGHAM.

Le roi l'a dit!

LE ROI.

Je l'ai dit.

(En ce moment les favoris du roi rentrent en scène, revêtus de costumes diaboliques. Nottingham, à voix basse, les a mis au fait de ce qui se passe.)

LE CHŒUR.

Trahison!
Courons à la vengeance!
Pour une telle offense,

Ni grâce, ni pardon.
Non, non, point de pardon !

(Fulby, sur un geste d'autorité du roi, lui a remis la clef de la chambre où est enfermée Géraldine. Le roi passe cette clef à Nottingham, puis il sort par le fond pour aller revêtir un costume. Nottingham, qui a jeté à la hâte sur ses épaules une espèce de dalmatique infernale, se précipite, suivi des seigneurs, dans la deuxième chambre à gauche, d'où ils ressortent aussitôt, en entraînant Géraldine, qui, saisie d'effroi, se cache la tête dans ses mains.)

SCÈNE VI.

LES MÊMES, excepté le roi; GÉRALDINE, FULBY, sur le devant du théâtre à droite.

GÉRALDINE, au comble de la frayeur.

Ah ! messieurs les démons, prenez pitié de moi !
(Elle aperçoit Fulby, pousse un cri, et court se réfugier près de lui.)
Fulby !!
(Lui montrant les seigneurs déguisés.)
Rien qu'en voyant ces vilaines figures...

FULBY, bas aux seigneurs.

C'est aimable pour vous !

GÉRALDINE.

Je tressaille d'effroi ;
Et de l'enfer, déjà, je prévois les tortures !

FULBY.

Ne craignez rien...

GÉRALDINE, se cachant les yeux avec la main.

Je n'ose ouvrir les yeux !
C'est l'enfer, n'est-ce pas ?
(Dans ce moment on apporte de grands bols de punch enflammés, et Géraldine, entr'ouvrant les yeux et regardant entre ses doigts, s'écrie :)
J'en vois aussi les feux !

LE CHOEUR.

De ce punch qui fume

La rougeâtre écume
En mes sens allume
Le feu du désir!
Sa lave brûlante
M'enivre et m'enchante.
Je ris et je chante...
Délire et plaisir!!

(Les uns se versent des verres de punch, ou avec des cuillers agitent la flamme des bols, tandis que les autres entourent Géraldine qui uit épouvantée.)

SCÈNE VII.

LES MÊMES; LE ROI, en riche costume de divinité infernale, une couronne sur la tête.

GÉRALDINE, courant au roi.

Ah! monseigneur, protégez-moi!

LE ROI, la regardant.

O ciel!

NOTTINGHAM, la regardant aussi.

Elle est, ma foi, jolie!

LE ROI.

C'est elle qu'ici je revoi!

NOTTINGHAM.

Qu'est-ce donc?

LE ROI, à voix basse.

La beauté qu'hier j'avais suivie!

GÉRALDINE, examinant le roi, à Fulby.

Quel est donc ce nouveau démon
Qui me regarde ainsi?

FULBY, lui faisant signe de se taire.

C'est monseigneur Pluton,
Roi de ces lieux... Voyez sa brillante couronne!

GÉRALDINE, interdite.

Un roi!

LE ROI.

Qui veut sur vous régner par le plaisir.
Quant à mon sceptre, je le donne
A la beauté... C'est vous l'offrir!...

LE CHOEUR.

De ce punch qui fume, etc.

GÉRALDINE, regardant avec inquiétude autour d'elle.

Mais je ne le vois pas!

LE ROI.

Qui donc?

GÉRALDINE.

Pardon, monseigneur Pluton!
Reverrai-je bientôt ici...

LE ROI.

Le brillant Salisbury?...

GÉRALDINE, étonnée.

Non pas! mais Tony, mon ami...

LE ROI, bas à Fulby, en riant.

Pauvre Salisbury!...
C'en est un autre!
(Haut à Géraldine.)

Et quel est ce Tony?

GÉRALDINE.

COUPLETS.

Premier couplet.

Tony le matelot m'a prise pour maîtresse.

LE CHOEUR, avec un rire infernal.

Ah! ah! buvons!

GÉRALDINE.

Et moi j'avais juré de le chérir sans cesse...

LE CHOEUR.

Ah! ah! buvons!

GÉRALDINE.

Mais il est mort, mon doux ami,
Et j'ai voulu mourir aussi,
Pour guérir d'amour... Ah! bien oui!
    Quoiqu'on soit morte,
    Ça n'y fait rien,
    L'amour l'emporte,
    Et je sens bien
Que je vais toujours y rêvant
Comme de mon vivant.

LE CHOEUR, riant.

    La pauvre fille,
    Qu'elle est gentille!
A ses amours buvons!
    Buvons!

GÉRALDINE, leur faisant la révérence.

    Messieurs les démons,
    Vous êtes bien bons!

(En ce moment, le roi fait signe à Fulby de remplir une coupe avec un flacon que Nottingham lui passe. Fulby hésite, mais obéit. Le roi présente la coupe à Géraldine qui boit.)

GÉRALDINE.

Deuxième couplet.

Tony le matelot, toujours fidèle et tendre...

LE CHOEUR, riant.

Ah! ah! buvons!

GÉRALDINE.

M'a dit qu'il reviendrait, et je suis à l'attendre...

LE CHOEUR.

Ah! ah! buvons!

GÉRALDINE, au roi et aux autres convives.

Dites-moi si je dois bientôt
Revoir Tony le matelot?
Oui, messieurs, messieurs... il le faut!...
    Quoiqu'on soit morte,
    Ça n'y fait rien,

L'amour l'emporte,
Et je sens bien
Que mon cœur va toujours battant,
Toujours, comme de mon vivant !

LE CHŒUR.

La pauvre fille,
Qu'elle est gentille !

(Levant leurs verres pour trinquer.)

A ses amours buvons !
Buvons !

GÉRALDINE, faisant la révérence.

Messieurs les démons,
Vous êtes bien bons !

LE ROI, s'approchant de Géraldine dont il prend la main.

Cet amant si tendre,
On peut te le rendre.

GÉRALDINE, dont la tête est déjà appesantie.

Monseigneur Pluton,
Vous êtes bien bon !

LE ROI.

Un autre lui-même
Te dira : je t'aime.
Viens, viens dans les cieux
Recevoir ses vœux !

GÉRALDINE, chancelant et portant la main à son front.

Un voile mystérieux
S'étend soudain sur mes yeux.

Ensemble.

GÉRALDINE.

Est-ce lui qui déjà m'appelle dans les cieux ?

LE ROI et LE CHŒUR.

Oui, c'est lui qui déjà t'appelle dans les cieux

FULBY, à part.

O perfides complots ! ô breuvage odieux !

Déjà vont s'égarer et ses sens et ses yeux !

(Le roi soutient Géraldine qui va en chancelant s'asseoir sur le divan à droite, où elle s'endort bientôt. Nottingham, qui quelques instants a écouté à la porte de l'escalier secret, s'approche précipitamment du roi.)

NOTTINGHAM.

Sire... Sire, on sort de votre cabinet, on descend l'escalier...

LE ROI.

Qui donc ?

NOTTINGHAM, qui a entr'ouvert la porte.

Salisbury !

LE ROI, regardant Géraldine endormie.

O ciel !... dans ce moment !... Eloignez ces flambeaux...

(Les seigneurs sortent en emportant tous les flambeaux dans les salons voisins. — Le théâtre reste dans l'obscurité. Le roi ôte le manteau et la couronne diaboliques et reste jusqu'à la fin de l'acte sous le costume qu'il avait à sa première entrée.)

SCÈNE VIII.

GÉRALDINE, assise à droite et sommeillant, NOTTINGHAM, près d'elle, LE ROI, FULBY, LE COMTE, descendant de l'escalier à droite.

LE ROI, allant vers la porte secrète qui s'est ouverte.

Salisbury, est-ce vous ?...

LE COMTE, entrant.

Oui, Sire ; mais comment se fait-il ?... Quelle obscurité...

LE ROI.

Nous sortons de table, et nos convives sont dans les salons voisins à boire les vins d'Espagne...

LE COMTE.

Les envoyés du Hainaut sont partis, la princesse est rentrée dans ses appartements et je viens rejoindre Votre Majesté, que je ne veux pas plus abandonner dans ses plaisirs que dans ses dangers...

LE ROI.

Ah! quoique absent, tu étais ici... par la pensée... Je ne t'attendais pas, et cependant je m'occupais de toi.

LE COMTE.

En vérité!

LE ROI.

Oui; remonte dans mon cabinet où j'ai à te parler... un conseil à te demander...

LE COMTE.

Et pourquoi pas ici?

LE ROI, à voix basse.

Parce qu'il s'agit de Nottingham, qui ne t'aime guère...
(Nottingham s'approche dans l'obscurité.)

LE COMTE.

J'en conviens.

LE ROI, de même.

Et qui n'a jamais manqué de te desservir... (En riant.) Nous tramons, dans ce moment, contre lui un complot délicieux...

LE COMTE.

Je me récuse!

LE ROI.

Aussi je ne te demande que ton avis... Une maîtresse charmante... une grande dame... passion mystérieuse qu'il a voulu nous cacher...

LE COMTE, riant.

Est-il possible?

LE ROI.

Et comme, d'après nos règlements, article 1er, en fait de bonnes fortunes on doit tout se dire...

LE COMTE, de même.

Plus que moins!

LE ROI.

J'ai, dans ce moment, le moyen le plus piquant de le punir et de nous venger, en lui enlevant sa maîtresse... Ce moyen, faut-il en profiter?...

LE COMTE.

Certainement, c'est de bonne guerre!

FULBY, à part.

Le malheureux!

LE ROI.

Ainsi donc, ton avis?...

LE COMTE.

Est celui de Votre Majesté...

FULBY, à part, avec douleur.

Ce que c'est que d'être courtisan!

LE ROI.

Alors, pour bien combiner nos mesures, et surtout pour que rien ne nous dérange, va-t'en!... Va m'attendre dans mon cabinet où je ne tarderai point à te rejoindre, car j'entends que tu sois du complot.

LE COMTE.

Mais, Sire...

LE ROI.

Oh! que tu le veuilles ou non, tu en seras.

LE COMTE, s'inclinant.

C'est trop de bontés...

FULBY, à part.

C'est trop de perfidies!... Et quoi qu'il doive m'en coûter...

(Il se glisse sur l'escalier.)

LE ROI, serrant la main du comte.

Au revoir, comte, à bientôt!...

(Le roi se retourne vers Nottingham; pendant ce temps, le comte fait quelques pas sur l'escalier et y trouve Fulby qui l'attend.)

FULBY, à voix basse.

Un grand danger vous menace... Venez!... hâtez-vous de le prévenir.

(L'escalier se referme.)

SCÈNE IX.

GÉRALDINE, endormie, NOTTINGHAM, LE ROI, LES SEIGNEURS qui reviennent avec des flambeaux.

FINALE.

LE ROI, à demi-voix.

Voici l'heure de la vengeance,
Plaisir des rois! plaisir des dieux!
Retirez-vous, l'heure s'avance,
Sans bruit, messieurs, quittez ces lieux.

LE CHOEUR, à demi-voix.

Voici l'heure de la vengeance,
Plaisir des rois! plaisir des dieux!
Retirons-nous, l'heure s'avance;
Le roi l'a dit, quittons ces lieux...

LE ROI, aux courtisans.

Pas de bruit dans la ville, où déjà l'on sommeille,
Redoutez le shérif, et les rondes de nuit...

(A Nottingham, montrant la chambre à gauche.)

Toi, Nottingham, là, reste seul et veille,
Et préviens-nous au moindre bruit.

(Nottingham entre dans la première chambre à gauche.)

TOUS, sortant.

Voici l'heure de la vengeance, etc.

SCÈNE X.

GÉRALDINE, endormie sur le divan à droite, LE ROI.

LE ROI, s'approchant de Géraldine qu'il regarde.

AIR.

Que de grâces! que de charmes

Par les amours enviés!...
Les dieux te rendraient les armes,
Et les rois sont à tes piés.

Et notre favori, qui, jaloux, dissimule,
Et veut à nos regards cacher tant de trésors,
Lui ravir ce qu'il aime!... Est-ce bien?...

(Il s'arrête et reprend vivement.)

Vain scrupule!...
En la voyant si belle, il n'est plus de remords!

Que de grâces! que de charmes, etc.

(Géraldine fait un mouvement, le roi tressaille.)

Elle s'éveille!... Non!... elle lutte en rêvant
Contre l'effet de ce philtre puissant!

DUO.

GÉRALDINE, à moitié endormie.

Je crois le voir! je crois l'entendre!
Par lui je sors du noir séjour!
Le ciel pardonne et vient me rendre
Et sa présence et son amour!
Tony! Tony!

LE ROI, l'écoutant.

Que dit-elle?
C'est toujours ce Tony qu'elle aime, qu'elle appelle;
Ce n'est donc pas Salisbury!

GÉRALDINE, continuant toujours son rêve.

Je te revois! l'enfer en ciel se change!

LE ROI.

Et loin de trahir un ami,
C'est au contraire ici moi qui le venge!

GÉRALDINE, qui s'est levée, s'avance comme en extase.

Tony! Tony!

LE ROI, lui tendant la main.

Me voici!

GÉRALDINE.

C'est bien toi... n'est-ce pas?

LE ROI.

Plus d'absence!

GÉRALDINE.

Plus de trépas!

Ensemble.

LE ROI.

Délices etranges!
Et dont la douceur
Du bonheur des anges
Enivre son cœur!
Oui, son œil découvre
Célestes lambris!
C'est le ciel qui s'ouvre,
C'est le paradis!

GÉRALDINE.

Délices étranges,
Et dont la douceur
Du bonheur des anges
Enivre mon cœur!
Oui, mon œil découvre
Célestes lambris!
C'est le ciel qui s'ouvre,
C'est le paradis!

LE ROI, tombant à ses pieds.

Oui, c'est ton amant, c'est ton roi,
Qui ne veut vivre que pour toi!

LE ROI et GÉRALDINE.

Délices étranges,
Et dont la douceur
Du bonheur des anges
Enivre mon cœur!
Mon œil vous découvre,
Célestes lambris!

C'est le ciel qui s'ouvre,
C'est le paradis !

(Après cet ensemble, Géraldine, soutenue par le roi, revient s'asseoir sur le divan où elle se rendort.)

SCÈNE XI.

Les mêmes ; NOTTINGHAM.

(La musique continue pendant le rapide dialogue qui suit.)

NOTTINGHAM, entrant vivement par la première porte à gauche.

Sire !... Sire !... fuyez !... nous sommes découverts !... le shérif et ses constables sont descendus par le puits...

LE ROI.

S'ils trouvaient le roi ici !... que penseraient-ils ? Vite, retirons-nous... Mais cette jeune fille ?...

NOTTINGHAM.

Je m'en charge !... Fuyez, Sire, fuyez !

LE ROI, allant à la porte de l'escalier à droite qu'il essaie d'ouvrir.

Fermée... fermée en dehors !...

SCÈNE XII.

Les mêmes ; BOLBURY, Constables, se précipitant par la première porte à gauche.

LE CHŒUR, montrant le roi et Nottingham.

En prison il faut les conduire,
Ces bandits que le crime attire ;
Leur forfait, amis, dès demain,
Recevra châtiment certain.

(Les constables, sur l'ordre du shérif, entourent le roi, que Nottingham défend. Tout à coup, Bolbury aperçoit Géraldine.)

BOLBURY.

Dieu! qu'ai-je vu?... ma fiancée!
Que, tantôt, chez moi, j'ai laissée!...

LE ROI.

Je comprends... Vous êtes Tony?...

BOLBURY, furieux.

Eh! non! je suis le shérif Bolbury.

LE ROI.

Bolbury!
Encore un!... moi compris!... Pauvre Salisbury!

NOTTINGHAM, à demi-voix au shérif, montrant le roi.

Vous ignorez le nom de milord que voici?

BOLBURY, montrant un papier qu'il tient.

C'est le faux Édouard... j'ai la preuve certaine...

LE ROI et NOTTINGHAM.

Écoutez!...

BOLBURY.

C'est assez!... Allons, qu'on les entraîne!

LE CHŒUR.

En prison il faut les conduire, etc.

(Un des constables prend les flambeaux et passe devant le roi et Nottingham, qu'on va faire remonter par le puits. Le shérif les suit en donnant encore des instructions à ses agents. Le théâtre est devenu obscur. Salisbury, qui a entr'ouvert la porte de l'escalier secret et guetté le moment, s'avance alors, prend Géraldine dans ses bras, l'enlève et l'emporte par l'escalier, dont la porte se referme vivement. Quelques constables reviennent alors avec les flambeaux; le théâtre s'éclaire.)

BOLBURY, désignant le divan où était Géraldine.

Que par nous, maintenant, elle soit secourue!

(S'approchant.)

Disparue!

TOUS.

Disparue!

(Ils restent stupéfaits et regardent de tous côtés, en se frottant les yeux. Bolbury, atterré, chancelle et tombe sur le divan.)

ACTE TROISIÈME

Le palais du roi. — Un riche appartement. Portes au fond et portes latérales. Tables, fauteuils, etc.

SCÈNE PREMIÈRE.

LE COMTE, GÉRALDINE.

GÉRALDINE, naïvement.

Ainsi, donc, j'existe encore?

LE COMTE.

Oui, Géraldine!...

GÉRALDINE.

Vous en êtes bien sûr?

LE COMTE.

Je te le promets!

GÉRALDINE.

Et vous aussi?

LE COMTE, lui serrant la main contre son cœur.

Vois plutôt!

GÉRALDINE.

Dame! ça en a bien l'air!...

LE COMTE, voulant l'embrasser.

Et si tu doutes encore?...

GÉRALDINE, vivement.

Non, monsieur... non... je vous crois... (Regardant autour

d'elle.) Mais dire que nous sommes ici dans un palais... le palais du roi... Il ne voudra jamais qu'une pauvre fille telle que moi épouse un grand seigneur tel que vous !

LE COMTE.

Non... car il me destine une noble et riche héritière, miss Oventry, que l'on attend aujourd'hui... Mais, dussé-je perdre la faveur du maître, dussé-je m'exposer à toute sa colère... je te l'ai dit... mon sort sera uni au tien !...

GÉRALDINE, tristement.

Ah ! j'en étais bien plus sûre dans l'autre monde que dans celui-ci !

LE COMTE.

L'important, dans ce moment, c'est qu'on ne te voie pas... Nous ne pouvons retourner par où nous sommes venus... il y aurait trop de dangers... mais le jour a paru... les portes du palais doivent être ouvertes, je vais voir si nous pouvons sortir... Attends-moi là, et n'aie pas peur !

(Il sort par le fond.)

SCÈNE II.

GÉRALDINE, seule.

AIR.

Il s'éloigne, et pourtant je reste sans effroi,
Car son doux souvenir est toujours avec moi !

    Rêves d'amour, rêves de gloire,
    Douce voix qui guidez mes pas,
    A mon bonheur laissez-moi croire,
    Cette fois ne m'éveillez pas !

Moi, sa femme ! il l'a dit... Unis devant l'autel...
A lui, toujours à lui... sur terre et dans le ciel !

    Rêves d'amour, rêves de gloire, etc.

SCÈNE III.

LE COMTE, GÉRALDINE.

LE COMTE, rentrant.

Viens, suis-moi, point de dangers... et si nous rencontrions quelqu'un... dis comme moi, et ne t'avise pas de me démentir...

GÉRALDINE.

Cela me fait peur!...

LE COMTE, l'embrassant.

Allons donc... Confiance et courage!

GÉRALDINE, apercevant la princesse, qui entre suivie de deux dames d'honneur.

Quelle est cette belle dame?...

LE COMTE.

La princesse de Hainaut, celle que le roi doit épouser aujourd'hui.

SCÈNE IV.

LA PRINCESSE, LE COMTE, GÉRALDINE; DEUX DAMES D'HONNEUR.

LA PRINCESSE.

Le comte de Salisbury!... dans cet appartement... avec une jeune fille... Quelle est-elle?

LE COMTE, avec trouble.

Ma fiancée... et bientôt ma femme...

LA PRINCESSE, vivement.

Miss Oventry?...

LE COMTE.

Oui... oui... princesse.

GÉRALDINE, à demi-voix.

Que dites-vous ?

LE COMTE, de même.

Silence !...

LA PRINCESSE, riant.

Miss Oventry, sous ce costume... Qu'est-ce que cela signifie ?

LE COMTE, avec embarras.

Oh !... cela signifie... que ce costume... ce costume...

LA PRINCESSE.

Est un déguisement... je le vois bien !... qui lui va à merveille... Mais pourquoi ?...

LE COMTE.

Déguisement nécessaire... maintenant du moins... à ceux qui voyagent !...

LA PRINCESSE.

Que voulez-vous dire ?

LE COMTE.

Les bandes de révoltés ou plutôt de brigands... qui se sont soulevés au nom du faux Édouard, attaquent de préférence les dames ou les seigneurs qu'ils supposent attachés à la cour, tandis qu'une jeune fille du pays de Galles n'éveille aucun soupçon.

LA PRINCESSE.

Je comprends...

LE COMTE.

Et c'est ainsi que miss Oventry et sa suite ont échappé aux dangers... et sont arrivées...

LA PRINCESSE.

Jusqu'en ce palais... où je suis ravie de la voir... car je la trouve charmante.

GÉRALDINE, faisant la révérence.

Madame !...

LA PRINCESSE.

Et elle ne me quittera plus.

GÉRALDINE, à part.

O ciel!...

LA PRINCESSE.

Elle sera dès aujourd'hui ma première dame d'honneur...

GÉRALDINE, vivement.

Oh! ce n'est pas possible!...

LA PRINCESSE.

Et pourquoi?...

LE COMTE.

Une voyageuse... une étrangère qui n'est pas encore au fait des modes de la cour...

LA PRINCESSE.

Nous y suppléerons... cela me regarde... Et, dès aujourd'hui, comtesse de Salisbury, vous entrez en fonctions! Vous serez à côté de moi pendant la cérémonie du mariage... car déjà tout se dispose, et je suis étonnée de n'avoir pas encore vu paraître le roi...

LE COMTE, à part.

Je le crois bien!... depuis hier en prison!...

LA PRINCESSE.

Qui peut le retenir? Vous en doutez-vous?

LE COMTE.

Oui, madame... des affaires imprévues... des importuns dont il ne peut se défaire...

LA PRINCESSE.

Les souverains ont si peu de liberté!...

LE COMTE.

Celui-là surtout!...

LA PRINCESSE.

Mais l'heure nous presse... (Aux dames d'honneur qui sont au fond.) Mesdames, pour l'auguste fête qui se prépare et où cette charmante miss paraîtra à mes côtés, disposez à l'instant sa toilette...

LE COMTE.

Quoi, madame!...

LA PRINCESSE.

Allez!...

(Les dames d'honneur emmènent Géraldine par la gauche.)

SCÈNE V.

LE COMTE, LA PRINCESSE, FULBY, entrant par la porte à droite.

LA PRINCESSE.

C'est vous, mon gentil Fulby?... Qu'y a-t-il?

FULBY.

Le shérif Bolbury demande à parler au roi pour affaires d'État... un complot... un crime de haute trahison... Depuis le matin il sollicite audience...

LA PRINCESSE.

Et bien! qu'on l'introduise auprès de Sa Majesté!...

FULBY, hésitant.

Sans doute... mais c'est que Sa Majesté...

LA PRINCESSE.

Achevez!...

FULBY.

N'a pas passé la nuit au palais...

LA PRINCESSE.

Grand Dieu! je frémis... Cette absence et ce complot... Si le roi...

LE COMTE.

Rassurez-vous, madame!...

LA PRINCESSE.

Ah! ce shérif qui, disiez-vous, désirait parler au roi... Je vais l'interroger.

LE COMTE, vivement et voulant la retenir.

Nous nous chargerons de ce soin, et c'est à nous, madame...

LA PRINCESSE.

Non, non, il s'agit peut-être du salut d'Édouard... et c'est à moi, à moi seule!... (Au comte qui veut encore la retenir.) Je le dois.... Je le veux!...

(Elle s'élance par la porte du fond et disparaît.)

SCÈNE VI.

LE COMTE, FULBY.

LE COMTE.

Ah! Fulby! Fulby!... qu'as-tu fait?... Ce shérif Bolbury, tout à l'heure, il s'est déjà adressé à moi pour parvenir jusqu'au roi, prétendant qu'il attendait depuis quatre ou cinq heures... et s'il n'avait tenu qu'à moi, il attendrait encore!...

FULBY.

Pourquoi donc?

LE COMTE.

Tu me le demandes!... Il vient annoncer à la reine que, par son zèle et son courage, le faux Édouard est arrêté.

FULBY.

Tant mieux!...

LE COMTE.

Mais ce faux Édouard!... c'est le roi lui-même...

FULBY, riant.

Est-il possible!... Et qui donc a été assez audacieux...

LE COMTE.

Le shérif... ou plutôt moi!... Profitant de l'avis qu'hier tu venais de me donner...

FULBY.

Qu'avez-vous fait?...

LE COMTE.

Il n'y avait que ce moyen de sauver Géraldine... Un billet tracé par moi a appris à Bolbury les moyens de descendre dans le puits qui touche à sa maison... le prévenant que ce puits servait de retraite au faux Édouard.

FULBY, riant.

C'est donc cela que le roi ne paraît pas... Et toutes les cloches de la ville qui sonnent déjà le mariage du royal fiancé!...

LE COMTE.

Tu oses rire?...

FULBY.

En pensant que de sa prison il doit les entendre...

LE COMTE.

Mais cette prison... il faudra bien qu'il en sorte... et gare les explications! Il ne pardonnera jamais à celui qui l'aura fait rougir aux yeux de sa fiancée.

FULBY.

C'est vrai.

LE COMTE.

A celui qui l'aura rendu la fable de la ville et de la cour.

FULBY.

C'est vrai... Je ne ris plus.

LE COMTE.

Et s'il vient à découvrir que ce sont mes avis...

FULBY.

Que ce sont les miens...

LE COMTE.

Non, non, ne crains rien... je n'exposerai jamais que moi.

FULBY.

Raison de plus... pour vous sauver...

LE COMTE.

Et comment?...

FULBY.

Le shérif est-il encore là?

LE COMTE, écoutant à la porte à droite.

Oui vraiment; il raconte sans doute à la princesse tout ce qu'il m'a raconté à moi-même... qu'il n'a pas voulu transférer son prisonnier à la Tour, avant que le roi ait interrogé en personne le faux Édouard... qu'en attendant il l'a renfermé lui-même en face de sa maison chez le constable Makinson, dans une salle basse, espèce de cachot.

FULBY, avec joie.

Une tourelle?

LE COMTE.

Oui.

FULBY, de même.

Une seule fenêtre grillée, à ne pas y passer la main?

LE COMTE.

Oui.

FULBY.

Une seule porte en fer... que vingt haches d'armes ne pourraient briser?...

LE COMTE.

Oui.

FULBY, lui sautant au cou.

Mon maître... mon maître, réjouissez-vous! Loin d'avoir le moindre soupçon, le roi ne songera qu'à vous combler de récompenses... vous son sauveur, son libérateur.

LE COMTE.

Que veux-tu dire?

FULBY.

Je cours de votre part lui rendre la liberté et, dans quelques minutes, l'amener dans ce palais.

LE COMTE.

Et ces barreaux, cette porte en fer?...

FULBY.

Qu'importe !... Pauvre Betzy !...

LE COMTE.

La femme du constable !...

FULBY.

Ce n'est pas pour cela qu'elle m'en avait donné la clef...

LE COMTE.

Est-il possible !...

FULBY.

Vous allez encore me gronder... m'appeler mauvais sujet...

LE COMTE, vivement.

Non... non !...

FULBY.

Il n'y a que ceux-là qui servent... vous le voyez... Adieu... adieu... gardez mon secret comme je garderai le vôtre !...

(Il sort en courant par le fond.)

SCÈNE VII.

LE COMTE, seul.

Que de dévouement ! que de reconnaissance !... Pauvre Fulby !... Il n'y a pas longtemps, on le voit bien, qu'il habite la cour... Et si, avant le retour du shérif, le roi est mis en liberté !... il ne se doutera de rien... (S'arrêtant en voyant entrer Géraldine.) Ah ! Géraldine sous ces riches habits !... Qu'elle est jolie !...

SCÈNE VIII.

GÉRALDINE, LE COMTE.

GÉRALDINE.

Vous trouvez !... Pas moi... je suis tout effrayée de me voir si belle.

LE COMTE.

Il n'y a que vous que cela effraiera !...

GÉRALDINE.

Et puis, je ne conçois rien à ce qui m'arrive... Un petit page, à l'air éveillé, s'approche de moi et me dit : « C'est à la charmante miss Oventry que je présente mes hommages. » J'allais répondre non... mais je me suis rappelé vos recommandations... et je me suis contentée de faire la révérence.

LE COMTE.

Ce n'était pas mentir.

GÉRALDINE.

Un mensonge muet... Et le petit page continuant, a dit : « Je guettais votre arrivée pour vous remettre cette boîte et ce billet qui viennent d'une auguste main... » Et, avant que j'aie pu m'en défendre, il les avait glissés dans la mienne... « Monsieur le page... monsieur... monsieur !... » Ah bien ! oui... il était déjà loin... La boîte renfermait cette riche agrafe en diamants... et, quant à la lettre... je ne l'ai pas lue.

LE COMTE, prenant la lettre.

L'écriture du roi !... Ah ! voyons... (Lisant.) O ciel !

GÉRALDINE.

Qu'est-ce donc ?

LE COMTE.

La lettre est adressée par Sa Majesté à miss Oventry, ma fiancée... celle que mon gracieux souverain veut me faire épouser...

GÉRALDINE, avec inquiétude.

Et qui est jolie... qui est aimable ?...

LE COMTE, fronçant le sourcil.

Je l'ignore... Mais cette lettre prouverait que Sa Majesté le sait mieux que moi... Il paraît que, dans ses excursions au pays de Galles, le roi était fort bien accueilli au château de miss Oventry... souvenirs qu'il lui rappelle, et dont il réclame la continuation... ici, à la cour, quand elle sera comtesse de Salisbury.

GÉRALDINE.

Ce n'est pas possible! vous qui êtes son ami...

LE COMTE, avec dépit.

Justement! le prince me traite trop en ami... moi et tous les miens!... Je vois maintenant pourquoi cette union lui souriait, et pourquoi il la pressait avec tant d'ardeur... Croyez donc à l'amitié des rois! Non pas que je tienne à miss Oventry, ma fiancée... peu m'importe! (Regardant Géraldine.) mais il en est une autre peut-être...

GÉRALDINE.

Que dites-vous?

LE COMTE.

Il n'y est déjà que trop disposé... (Poussant un cri.) Et moi qui, pour l'y aider... vais justement briser ses chaînes, le faire sortir d'esclavage...

GÉRALDINE, étonnée.

Que dites-vous?

LE COMTE.

Ah! puisse-t-il y rester toujours!

SCÈNE IX.

Les mêmes; FULBY.

FULBY.

Victoire!... il est libre!... Le voici!

GÉRALDINE.

Qui donc?

FULBY.

Le roi!... J'ai doucement ouvert la porte de sa prison... « Venez... Sire... venez... c'est le comte de Salisbury, votre fidèle et dévoué serviteur, qui m'envoie vous délivrer. »

Sans que personne l'ait reconnu, nous sommes rentrés au palais par les petits escaliers... et je m'avance pour examiner le terrain et savoir si le roi peut paraître... sans danger... Il est là !...

LE COMTE, à Géraldine.

Partez ! partez ! qu'il ne vous voie pas...

GÉRALDINE.

Que faut-il faire ?

LE COMTE.

M'attendre ! et ne pas quitter la reine... c'est là notre salut.

(Géraldine sort par la porte à gauche.)

SCÈNE X.

LE COMTE, LE ROI, entrant par la porte à droite, FULBY.

LE ROI, avec colère.

Ah ! l'horrible nuit, et l'infernal boudoir que la salle basse de monsieur le constable... Par Saint-Georges !... je ne me doutais pas qu'il y eût si peu d'agrément à être prisonnier d'État.

FULBY.

La justice est aveugle !...

LE ROI.

Et sourde !... J'avais beau crier et répéter que j'étais le roi... ce maudit Bolbury n'écoutait rien et venait seulement de temps en temps entr'ouvrir un guichet.

FULBY.

Pour s'assurer que vous étiez là... (Regardant les habits du roi.) Ah ! mon Dieu ! Et ce costume qui se ressent des fatigues de la nuit.

(Il entre par la porte à gauche.)

LE ROI.

Et il me lançait à travers les barreaux quelques railleries

de geôlier... que je n'oublierai jamais. (Toujours avec colère.) Ah! si celui-là n'est pas pendu !...

LE COMTE.

Pour avoir servi Votre Majesté...

LE ROI.

Ah! tu appelles cela un service... M'avoir fait passer toute une nuit dans les angoisses et l'appréhension d'un scandale que je regardais comme inévitable!... Traîné en justice le jour de mon mariage... Et, sans toi, mon cher comte, dont je ne sais comment récompenser le dévouement...

LE COMTE.

Je connais les bontés de Votre Majesté et l'intérêt qu'elle prend à tout ce qui me touche!...

LE ROI.

Oui, parbleu!... toi... c'est moi !... nous ne faisons qu'un.

LE COMTE.

Je le sais!...

(Fulby revient par la gauche, portant un riche manteau qu'il veut placer sur les épaules du roi.)

LE ROI, repoussant le manteau.

C'est bon, c'est bon... (Au comte.) Dis-moi d'abord comment tu as découvert que le roi d'Angleterre était tombé au pouvoir des constables... et comment, surtout, tu as trouvé moyen d'ouvrir sans bruit les portes de mon cachot.

LE COMTE.

Nous vous le dirons plus tard... (Montrant la princesse qui entre.) C'est la princesse... inquiète de votre absence... Dans un pareil moment...

(Fulby jette le manteau sur le fauteuil à gauche.)

SCÈNE XI.

LE COMTE, LA PRINCESSE, LE ROI, FULBY.

LA PRINCESSE.

Ah! Sire... Sire, c'est vous!... Quelles craintes vous m'avez causées!... Passer cette nuit hors du palais...

LE ROI, avec embarras.

J'en suis désolé... et s'il n'avait tenu qu'à moi... je serais ici depuis longtemps... ces messieurs vous le diront... Mais un roi n'est pas maître de ses moments...

LE COMTE.

Ni souvent de sa personne!...

LE ROI.

Et je vous le confie à vous, madame, il s'agissait d'une conspiration à déjouer... et au moment de réussir...

LE COMTE.

Votre Majesté a été arrêtée?...

LE ROI, riant.

Oui... arrêtée... dans mes projets... sans avoir pu découvrir le fil et les auteurs de ce complot...

LA PRINCESSE.

Que je connais...

LE ROI, LE COMTE et FULBY, vivement.

Que dites-vous?

LA PRINCESSE.

Je sais tout...

LE ROI, avec embarras.

Et comment?...

LA PRINCESSE.

Par un magistrat fort habile, un shérif très-dévoué, maître

Bolbury, pour qui je vous demanderai une récompense qu'il mérite bien...

LE ROI, avec colère.

Certainement...

LA PRINCESSE.

Car il est venu m'apprendre qu'il avait saisi, cette nuit, et tenait enfermé chez lui, sous les verrous, notre ennemi le plus redoutable, ce fourbe, cet imposteur, ce faux Édouard...

LE ROI.

En êtes-vous bien sûre ?...

LA PRINCESSE.

Il m'a proposé de le conduire sous bonne escorte, ici, au palais... et, en votre absence, Sire, j'avais donné ordre à un détachement de vos gardes de prêter main-forte au shérif, qui va amener devant vous ce prisonnier pour que vous l'interrogiez...

LE ROI.

Devant moi ?... Eh bien ! ce sera curieux !...

LA PRINCESSE.

N'est-ce pas ?... Je serai charmée, pour ma part, de juger de la ressemblance... que l'on prétend prodigieuse... Nous en causions tout à l'heure encore, avec miss Oventry, qui ne voulait pas me croire.

LE ROI, vivement.

Miss Oventry est arrivée ?...

LA PRINCESSE.

Oui, Sire, depuis ce matin...

LE ROI.

Ah ! j'en suis charmé !... (Se reprenant et à Salisbury.) pour vous, comte, à qui j'en fais compliment...

LE COMTE.

Votre Majesté est bien bonne...

LE ROI.

J'ai eu le plaisir de l'apercevoir quelquefois... de loin... il est vrai... de très-loin !... Mais, autant que j'ai pu en juger, c'est une ravissante personne... la brune la plus piquante...

LA PRINCESSE.

Non... non... elle est blonde.

LE ROI.

Allons donc !

LA PRINCESSE.

Je vous l'atteste...

LE ROI.

Cela irait fort mal avec sa taille haute et imposante...

LA PRINCESSE.

C'est qu'au contraire... elle est petite et toute gracieuse...

LE ROI.

Ce n'est pas possible !...

LE COMTE.

Elle sera peut-être changée...

LA PRINCESSE.

Et puis, comme Votre Majesté nous le disait tout à l'heure... elle l'a vue de si loin qu'elle aura pu se tromper...

LE ROI.

De si loin... de si loin... Enfin, je serai charmé de reconnaître mon erreur... (A la princesse.) Et puisque miss Oventry est dans votre appartement... je vais avec vous, princesse...

UN HUISSIER de la cour, entrant et annonçant.

Le shérif Bolbury demande à parler à Leurs Majestés...

LE ROI, avec impatience.

Le shérif... (A part.) Qu'il aille au diable !

LA PRINCESSE.

Faites entrer !... Il nous amène son prisonnier, le faux Édouard, que vous devez interroger...

LE ROI.

Plus tard...

LA PRINCESSE.

Et pourquoi?

LE ROI, avec impatience et embarras.

Pourquoi?... pourquoi?... Parce que, dans ce moment, il me serait très-difficile de le voir... je dirai même impossible... car miss Oventry et toute la cour nous attendent...

LA PRINCESSE.

Je vais les faire prévenir... Mais les affaires d'État avant tout...

(Sur la ritournelle du morceau, et avant l'entrée de Bolbury, Fulby reprend le manteau sur le fauteuil à gauche et le jette vivement sur les épaules du roi, qui s'en enveloppe et cherche à se dérober aux regards du shérif.)

SCÈNE XII.

FULBY, LE COMTE, BOLBURY, debout, LE ROI et LA PRINCESSE, assis.

QUINTETTE.

BOLBURY, s'adressant à la princesse.

Madame... madame... je vien...

LA PRINCESSE, montrant le roi.

Parlez au roi! c'est lui!...

BOLBURY, saluant et avec embarras.

Je le vois bien,
Car les traits gracieux de notre auguste maître
Ne ressemblent que trop à ceux de ce brigand...
Autant qu'un front royal peut décemment
Ressembler à celui d'un traître...

LA PRINCESSE.

Qui sera puni!

BOLBURY, se troublant.

Certe, il l'a bien mérité...
Et plus qu'on ne le croit, tant son adresse est grande!
Mais, dans mon intérêt, avant tout... je demande
A raconter les faits... dans toute leur clarté!

LE ROI.

Vous le pouvez!...

BOLBURY.

Je le peux, je commence :
Cette nuit, dans un lieu de suspecte apparence,
(Chacun répète après lui le signalement suivant.)
Un gaillard... fort bien mis... taille haute et l'air fier,
Chapeau noir... manteau brun... chaîne d'or... pourpoint vert...
(Le roi referme avec soin le manteau qui le couvre.)
Se disant Édouard, notre roi!... quelle audace!
Fut arrêté par nous, mis dans la salle basse...
(Chacun répète après lui.)
Porte en fer... bons verrous... poings liés... bien gardé...
Eh bien! le scélérat!... s'est soudain évadé!...

TOUS.

Évadé!

BOLBURY.

Évadé!

Ensemble.

BOLBURY, à part.

Quel déshonneur pour la police,
Qui doit tout voir et tout savoir!
On va me croire son complice;
Rien n'égale mon désespoir!

LE ROI et LA PRINCESSE.

Ainsi le chef de la police,
Qui doit tout voir et tout savoir,
De ce traître devient complice;
Le punir est notre devoir!

FULBY et LE COMTE, à part.

Quel déshonneur pour la police,
Qui doit tout voir et tout savoir!
De tout il faut qu'on l'avertisse...
Ah! je ris de son désespoir!

LE ROI, avec sévérité.

Vous le voyez, monsieur!
(A part.)
Ah! shérif incivil!
Dont je me vengerai!...
(Haut.)
L'État est en péril
Par votre maladresse et votre négligence!

BOLBURY.

Je l'avais cependant solidement lié...
De ma main!...

LE ROI, à part, avec colère.

Il a peur que je l'aie oublié!
(Haut.)
Et si vous n'avez pas... écoutez ma sentence,
(Bolbury et les autres répètent après le roi.)
Retrouvé... le captif... qui par vous... fut perdu!
Vous irez... dès ce soir... en prison... et pendu!

TOUS.

Pendu!

LE ROI.

Pendu!

Ensemble.

BOLBURY.

Quel déshonneur pour la police, etc.

FULBY et SALISBURY.

Ah! quel affront pour la police, etc.

LE ROI.

C'est à vous, chef de la police,
A tout prévoir, à tout savoir!

Oui ! vous méritez ce supplice,
Et vous punir est mon devoir !

LA PRINCESSE.

C'est à vous, chef de la police,
A tout prévoir, à tout savoir !
Oui ! vous méritez ce supplice,
Et vous punir est son devoir !

LE ROI, à part.

Tout va bien ! tout va bien !
La princesse ne saura rien !

FULBY et LE COMTE, à part.

Tout va bien ! tout va bien !
Le roi ne se doute de rien !

(Ils s'avancent tous au bord du théâtre et chantent, chacun à part et avec un air de mystère.)

Ensemble.

LE ROI, à part.

Le destin sur moi veille.
Ressemblance pareille
(Regardant Bolbury.)
En son esprit n'éveille
Aucun soupçon d'erreur ;
Gaiment par cette ruse,
C'est lui que l'on accuse,
Et tout bas je m'amuse,
En voyant sa frayeur !

LA PRINCESSE, à part.

Sur le roi que Dieu veille !
Que le ciel nous conseille !
Une audace pareille
A fait frémir mon cœur !
Viens punir cette ruse,
Grand Dieu ! toi que j'accuse,
Fais qu'ici je m'abuse,
Et calme ma terreur !

LE COMTE et FULBY, regardant le roi, à part.

O bonheur! ô merveille!
Aventure pareille
En son esprit n'éveille
Ni soupçon ni fureur!
Oui, le roi qui s'abuse
Est dupe de la ruse,
Et tout bas je m'amuse
De sa royale erreur!

BOLBURY, à part.

Moi, qui sans cesse veille
Et qui toujours surveille,
Pour misère pareille
Pendu! c'est une horreur!
Du traître qui m'abuse
Et qu'aujourd'hui j'accuse,
Je déjoûrai la ruse;
Qu'il craigne ma fureur!

(Bolbury fait quelques pas pour sortir.)

FULBY, bas au comte.

Nous sommes sauvés!

(Bolbury se rapproche du roi.)

LE ROI, à Bolbury.

Eh bien! tu n'es pas encore parti?

BOLBURY, timidement.

Pardon, Sire... mais retrouver le fugitif ou être pendu... c'est d'autant plus gênant et embarrassant, que plusieurs de mes affidés, à qui je donnais son signalement... prétendent l'avoir vu, ce matin, se glisser au palais!...

LA PRINCESSE, avec effroi.

O ciel! pour attenter aux jours de Votre Majesté!...

BOLBURY.

Dans l'enceinte des résidences royales je n'ai pas le droit de juridiction...

LA PRINCESSE, vivement.

Je vous le donne... Vous et vos gens parcourez le palais... et partout où vous trouverez le coupable, arrêtez-le sur-le-champ!

BOLBURY, s'inclinant pour prendre congé.

Alors... je vais essayer de le découvrir une seconde fois...

LE ROI, l'arrêtant du geste.

Un mot encore... Comment donc l'aviez-vous découvert la première?...

(Anxiété du comte et de Fulby.)

BOLBURY, tirant un papier de sa poche.

Par un avis anonyme!

LE COMTE, à part, avec crainte.

O ciel!

BOLBURY.

Où l'on m'enseignait les moyens de pénétrer dans ce puits mystérieux et d'appréhender au corps l'imposteur...

LE ROI, avec impatience.

Donne... (Fulby et le comte font signe à Bolbury de ne rien donner. Il hésite.) Donne donc!

BOLBURY, donnant l'écrit.

C'est ainsi que je l'ai arrêté!...

LE ROI, jetant les yeux sur l'écrit, à part.

Ce n'est pas possible... la main de Salisbury!...

(Il examine de nouveau.)

BOLBURY, continuant.

J'en ai même arrêté deux!... Ma fiancée que j'ai saisie... c'est-à-dire... non... qui s'est échappée... car tout m'échappe aujourd'hui... (Il se retourne, aperçoit Géraldine qui vient d'entrer par la gauche, vêtue de riches habits, et s'est arrêtée un peu au fond. Il pousse un cri.) Ah!...

LE ROI, avec impatience, se retournant au cri de Bolbury qu'il regarde.

Eh bien! n'as-tu pas entendu mes ordres?... Va-t'en!

BOLBURY, regardant toujours Géraldine et s'en allant en tremblant.

Oui, Sire... mais, c'est que... là-bas, et ici... la tête n'y est plus... C'est à donner sa démission!...

SCÈNE XIII.

Les mêmes, excepté Bolbury.

LA PRINCESSE, riant.

Qu'a-t-il donc, monsieur le shérif?... il a l'air tout troublé... (Regardant Fulby et le comte qui, tout décontenancés, font signe à Géraldine de ne pas avancer.) Ah! mon Dieu! et ces messieurs de même!...

LE ROI, avec une colère concentrée, à part.

Je le crois bien... parce que... (Il se retourne, et aperçoit Géraldine qui s'avance timidement; il pousse un cri de surprise.) Ah!...

LA PRINCESSE, riant de l'émotion du roi.

Et, Dieu me pardonne! Votre Majesté aussi?

LE ROI, troublé.

Moi! du tout... Mais c'est que... cette jeune fille...

LA PRINCESSE, gaîment.

C'est miss Oventry!

LE ROI, stupéfait, les regardant tous.

Miss Oventry!

LA PRINCESSE, de même.

Que maintenant vous devez reconnaître...

LE ROI, vivement.

Maintenant!... Oui, sans doute... je la reconnais parfaitement... (Il fait un geste de colère et s'arrête en voyant la reine; il se retourne vers Salisbury et lui dit froidement.) Comte de Salisbury, je vous prie d'aller m'attendre dans mon cabinet...

(Salisbury s'incline et s'apprête à sortir.)

LA PRINCESSE.

Miss Oventry vient probablement nous annoncer que toute la cour est impatiente de vous présenter ses hommages...

LE ROI, d'un air gracieux à la princesse.

Daignez me précéder... Je vous rejoins... J'ai deux mots à dire à miss Oventry... sur sa famille qu'elle vient de quitter... et sur son mariage avec M. le comte de Salisbury...

GÉRALDINE, à part, avec joie.

Ah! s'il était possible!

LE ROI, au comte qui, avant de sortir, fait encore quelques signes à Géraldine.

Eh bien! comte...

(Le comte s'incline et sort dans le plus grand trouble avec Fulby par la droite et la princesse par la gauche.)

SCÈNE XIV.

GÉRALDINE, LE ROI, jetant sur le fauteuil à gauche le manteau qui le couvre.

LE ROI, à part.

Qu'un roi s'égaie aux dépens de ses sujets... cela peut être permis!... mais le contraire ne l'est pas!... (Haut.) Approchez... approchez, miss Oventry. (A part, la regardant.) C'est décidément la jolie fille d'hier... celle qui se croyait morte... et que Salisbury veut faire revivre à son profit... Mais il oublie nos droits... (Haut.) Approchez donc, charmante miss...

GÉRALDINE, timidement.

Oui... Sire. (A part.) Qu'est-ce que cela va devenir?...

LE ROI.

Depuis mon dernier voyage au château d'Oventry... je vous trouve tellement changée...

GÉRALDINE, très-troublée et balbutiant.

Oui... Sire...

LE ROI.

A votre avantage...

GÉRALDINE.

Oui... Sire...

LE ROI.

Que je ne vous reconnaissais pas d'abord.

GÉRALDINE, à part.

Serait-il possible?

LE ROI.

Mais c'est vous... c'est bien vous... Et puis-je espérer encore que vous n'avez pas perdu tout souvenir de mon séjour au château d'Oventry...

GÉRALDINE.

Oh! non, Sire...

LE ROI.

De ces lettres délicieuses où éclataient votre fidélité et votre dévouement pour votre roi?...

GÉRALDINE, vivement et joignant les mains.

Oh! non, Sire...

LE ROI.

Et surtout de ces douces promenades... où ma main pressait la vôtre...

GÉRALDINE.

Comment! Sire...

LE ROI.

Sur mon cœur... et parfois même sur mes lèvres.

(Il porte à sa bouche la main de Géraldine.)

GÉRALDINE, retirant sa main.

Mais du tout, Sire!...

LE PUITS D'AMOUR

LE ROI, souriant.

Permettez... permettez... j'ai mes preuves !...

DUO.

LE ROI, tirant de sa poche un billet.
N'est-ce pas là votre écriture ?...
N'est-ce pas votre nom chéri,
Miss Oventry ?

GÉRALDINE, à part.
Grand Dieu !

LE ROI.
Miss Oventry...

GÉRALDINE, troublée.
C'est bien possible... Mais... j'ignore, je vous jure...

LE ROI.
Les mots tracés par vous, et dont je vous parlais ?

GÉRALDINE.
Je ne m'en souviens plus !

LE ROI.
Déjà ?...
(Lui présentant la lettre.)
Relisez-les.
Oui, milady, relisez-les !

GÉRALDINE, lisant en tremblant.
« Sujette fidèle...
« Je jure à mon roi...
« Constance éternelle...
« Éternelle foi...
« Dévoûment suprême !
« Heureux souvenir...
« Que l'hymen lui-même
« Ne peut lui ravir...

LE ROI, reprenant la lettre.
« Que l'hymen lui-même
« Ne peut lui ravir... »
Ainsi, vous le voyez, ce cœur nous est donné.

GÉRALDINE, vivement.

Jamais... jamais !...

LE ROI, souriant.

C'est écrit... c'est signé !

Ensemble.

LE ROI, à part.

Ah ! perfide, ah ! traître !
Toi qui de ton maître
Osas méconnaître
Le sceptre et les droits !
Bonheur sans mélange,
Par un doux échange,
Sur elle je venge
La cause des rois !

GÉRALDINE, à part.

Coupable peut-être,
Comment méconnaître
D'un terrible maître
Le sceptre et les droits ?
Quel destin étrange
Sous sa loi me range !
O toi, mon bon ange,
Viens, entends ma voix !

GÉRALDINE, montrant la lettre.

Non, non, ceci n'est pas de moi.

LE ROI.

Prenez bien garde.
S'il en est ainsi...
Vous ne seriez donc pas miss Oventry ?
L'on m'aurait abusé...

GÉRALDINE, à part.

Grand Dieu !...

LE ROI.

Qui s'y hasarde
Et qui trompe son roi mérite le trépas ;
Salisbury... d'abord !...

GÉRALDINE, vivement.

Non pas! non pas!

LE ROI, tendrement.

Vous êtes donc miss Oventry?

GÉRALDINE, troublée et baissant les yeux.

Mais, Sire...

LE ROI.

C'est donc vrai?...

GÉRALDINE, vivement.

Non!...

(Se reprenant.)

Si... je crois que oui

Ensemble.

LE ROI, à part.

Ah! perfide, ah! traître!
Toi qui de ton maître
Oses méconnaître
Le sceptre et les droits!
Reçois mes louanges,
O bonheur des anges,
Amour, toi qui venges
La cause des rois!

(S'approchant de Géraldine qu'il presse dans ses bras.)

L'amour te range sous ma loi,
Viens! obéis! cède à ton roi!

GÉRALDINE, tremblante, à part.

Coupable peut-être,
Comment méconnaître
D'un terrible maître
Le sceptre et les droits?
Quel destin étrange
Sous sa loi me range!
Viens, ô mon bon ange!
Viens, entends ma voix!...

(Se débattant et cherchant à s'arracher des bras du roi.)

Mon Dieu! prenez pitié de moi,
Défendez-moi contre mon roi!

(Au moment où le roi presse Géraldine dans ses bras et va pour l'embrasser, paraît Bolbury, suivi de plusieurs de ses constables.)

SCÈNE XV.

Les mêmes; BOLBURY, Constables.

FINALE.

BOLBURY, apercevant le roi vêtu comme il l'était à la fin du deuxième acte.

C'est lui!... c'est lui!... je le reconnais bien!
(Saisissant le roi.)
Main-forte, mes amis!... je le tiens, je le tien.

LE ROI, se débattant.

Téméraire! téméraire!

GÉRALDINE.

Messieurs, messieurs, qu'osez-vous faire?

BOLBURY et LES CONSTABLES.

Ah! je me ris de sa colère!
Quel bonheur pour vous et pour moi!
(Au roi.)
Allons! marchons! au nom du roi!

SCÈNE XVI.

Les mêmes; LA PRINCESSE, LE COMTE, FULBY, Seigneurs et Dames DE LA COUR, accourant au bruit.

TOUS, à Bolbury.

Que faites-vous?

BOLBURY, tenant toujours le roi.

Cette fois, je l'espère,
Il n'échappera pas!

TOUS.

Malheureux! c'est le roi!

BOLBURY, atterré.
C'est le roi !...
LA PRINCESSE, LE COMTE, FULBY.
C'est le roi !
TOUS.
C'est le roi !
BOLBURY et LES CONSTABLES.
Ah! je cède à mon juste effroi,
Mes genoux fléchissent sous moi.
Le roi !... le roi! le roi !
TOUS.
Il osait arrêter le roi!
Ah! le voilà glacé d'effroi.
LE ROI, à Bolbury, avec sévérité.
Oui, monsieur, votre roi !
BOLBURY, tremblant.
Comment s'y reconnaître ?
Voilà les mêmes traits et les mêmes habits...
LA PRINCESSE, étonnée.
Quoi! les mêmes habits ?...
BOLBURY.
Qu'hier portait ce traître,
Au moment où je l'ai surpris !
LA PRINCESSE, à Géraldine.
Rencontre inexplicable !...
LE ROI, regardant le comte.
Et que milord, peut-être,
Pourrait nous expliquer.
LE COMTE, s'inclinant.
D'un seul mot, ô mon maître.
(S'avançant au bord du théâtre, et à voix basse.)
A notre souverain, si j'ai pour un instant
Osé donner des fers, c'était, sujet prudent,

Pour le sauver d'une autre chaîne
Plus dangereuse encor, si j'en crois ce billet,
Qu'à notre fiancée, ici même, adressait
Votre Majesté...

LE ROI, à part.

Ciel !

LE COMTE, s'avançant.

J'en fais juge la reine...

LE ROI, le retenant.

Eh ! non... non, ce n'est pas la peine...

LE COMTE, rendant le billet au roi, et à demi-voix.

Notre sang, ô mon prince, et nos biens sont à vous,
Mais que du moins nos femmes soient à nous !

LA PRINCESSE, s'avançant à la droite du roi.

Pardonnez au coupable !

GÉRALDINE, s'avançant de l'autre côté, timidement.

Et que Dieu vous le rende !

LE ROI, regardant Géraldine, le comte et Bolbury.

Si leurs crimes sont grands, ma clémence est plus grande.
(Regardant Géraldine.)
Et par égard pour tant d'attraits,
Nous pardonnons... d'abord...

(A part.)

Mais nous verrons après...

(Bolbury s'incline pour remercier le roi, et en relevant la tête, il aperçoit encore Géraldine, à qui Salisbury vient de donner la main. — Il regarde tout ce qui se passe avec stupéfaction, pendant qu'au dehors sonnent toutes les cloches de la ville.)

LE CHŒUR.

Jour d'hymen et de bonheur,
Doux instants pour notre cœur !
A la grâce, à la beauté,
Amour et fidélité !

Ecoutez ce bruit flatteur,
Signal de leur bonheur,
L'airain sonne,
Et résonne
Et proclame leur bonheur!

LAMBERT SIMNEL

OPÉRA-COMIQUE EN TROIS ACTES

En société avec M. Mélesville

MUSIQUE POSTHUME DE H. MONPOU.

THÉATRE DE L'OPÉRA-COMIQUE. — 14 Septembre 1843.

PERSONNAGES.	ACTEURS.
LAMBERT SIMNEL . . . . MM.	MASSET.
ÉDOUARD, prince de Galles.	MOCKER.
LE COMTE DE LINCOLN	GRARD.
RICHARD SIMON	DUVERNOY.
LE MAJOR TOM WILL	GRIGNON.
JOHN BRED, aubergiste.	HENRI.
WILLIAMS	—
LA DUCHESSE DE DURHAM . . . . Mmes	RÉVILLY.
CATHERINE, fille de John Bred.	DARCIER.
MARTHE, mère de Lambert Simnel	PRÉVOST.

OFFICIERS. — HÉRAUTS D'ARMES. — SOLDATS. — GARÇONS. — SERVANTES. — VALETS. — PEUPLE.

En 1487. — Dans le comté de Nottingham.

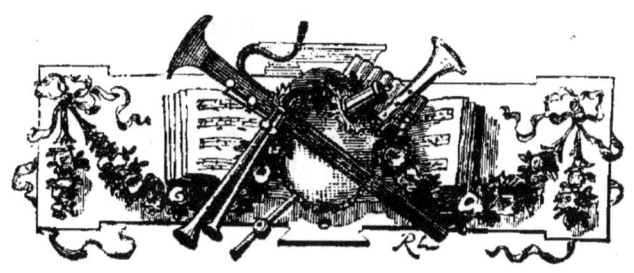

LAMBERT SIMNEL

ACTE PREMIER

Une salle d'auberge de village. — Au fond, une espèce de hangar ouvert sur la campagne, qui laisse voir les montagnes du Cumberland. A droite, le four; plus haut, et du même côté, l'entrée de l'auberge donnant sur la place du village. A gauche, une grande cheminée et la broche qui tourne; plus haut, une porte qui conduit dans l'intérieur de l'auberge. Une table, des escabeaux. On voit, au-dessus de la cheminée, les pots d'étain, les casseroles et autres ustensiles de cuisine.

SCÈNE PREMIÈRE.

JOHN BRED, CATHERINE, Garçons et Servantes.

Au lever du rideau, les garçons et les servantes allument les fourneaux, jettent du bois dans le feu, préparent les plateaux de pâtisseries. — Catherine souffle le feu, arrose le rôti; John Bred tourne la broche.

INTRODUCTION.

LE CHŒUR.
Allons,
Servantes et garçons;

Le fourneau s'allume et pétille,
La broche tourne... le feu brille...
　　Allons, allons...
　Travaillons, dépêchons!

JOHN BRED, à sa fille.

Le roast-beef?

CATHERINE, montrant la broche.

　　Voilà, mon père!...

JOHN BRED, la mettant au feu.

Soutien de la vieille Angleterre,
Quand tous les partis sont en guerre,
Nous, aubergiste et pâtissier,
A la face joyeuse et franche,
Nous tâchons de concilier
La rose rouge et rose blanche,
　En les faisant trinquer!...
　　(Regardant autour de lui.)
　Mais mon premier garçon,
　Simnel!... que fait-il donc?

TOUS, l'appelant.

Ohé!... Simnel!

CATHERINE, à part, tristement.

　　Il n'est pas là!
　(Souriant.)
　La chansonnette,
Que tous les jours il me répète,
Près de moi... le ramènera!

CHANSON.

Premier couplet.

Blonde et gentillette,
Pourquoi donc, fillette,
Auprès du marchand
Passer en pleurant?
Avez-vous, ma mie,
Perdu votre argent?
A fille jolie

A crédit l'on vend,
Quand on est galant!

Voyez... achetez
Mes petits pâtés,
Mes gâteaux
Tout chauds...
Ils sont bouillants,
Mais moins brûlants
Que le feu
De votre œil bleu!

LE CHOEUR.

Voyez, achetez, etc.

CATHERINE.

Deuxième couplet.

Naïve fillette,
Simple et joliette,
N'avez, dites-vous,
Argent ni bijoux!
Calmez-vous, ma mie,
Suis accommodant!
De fille jolie
Un baiser, vraiment,
C'est payer comptant!

Voyez, achetez, etc.

LE CHOEUR.

Voyez, achetez, etc.

SCÈNE II.

LES MÊMES; SIMNEL, en costume de garçon pâtissier, et tenant à la main la pelle à enfourner.

SIMNEL, aux garçons qui sont devant le four.

Place! place! ôtez-vous de là!

TOUS.

C'est Simnel!

CATHERINE, avec joie.

Le voilà !

(Simnel enfourne un plateau de pâtisseries et en retire un autre chargé de tartelettes cuites, puis il s'approche de Catherine.)

CATHERINE, bas à Simnel.

C'est vous, enfin !...

SIMNEL, bas à Catherine.

Toujours plus amoureux...

(Donnant des gâteaux à Catherine et en mangeant.)

Tiens... goûte !... ils sont délicieux !

CATHERINE, mangeant.

Parfaits !...

JOHN BRED, prenant Simnel par l'oreille.

Ah ! je t'y prends !

CATHERINE.

Mon père !...

SIMNEL.

Pardon, c'était pour voir si la pâte est légère..

JOHN BRED, le menaçant.

Hum !... paresseux !

(Bruit au dehors. — John écoutant.)

Mais quel tapage !

CATHERINE, même jeu.

C'est sur la place du village !...

(On entend dans le lointain des cris : *Vive York ! vive Lancastre !*)

JOHN BRED, regardant.

Voyez un peu le beau sabbat !

(Les cris recommencent : *Vive York !*)

CATHERINE.

Voilà déjà que l'on se bat !

SIMNEL, se mettant à la fenêtre et criant à tue-tête.

Vive Lancastre !

(A ce cri, des pierres, lancées du dehors, viennent briser les carreaux de la boutique.)

JOHN BRED, désolé.

Ils brisent tout!

SIMNEL, furieux.

Vite un bâton!
Je cours les mettre à la raison!

(Il sort en courant.)

CATHERINE, désolée.

Le malheureux!... bonté divine!

JOHN BRED, de même.

Il va causer notre ruine!

(Les garçons et les servantes sont groupés au fond et regardent le combat.)

CATHERINE, pleurant.

Il se fera tuer!

JOHN BRED.

Tant mieux!
Un querelleur...

CATHERINE.

C'est affreux!

(Tous deux, écoutant, et avec crainte.)

Ensemble.

CATHERINE, lent et doux.

Mon Dieu! qui viendra le défendre?
Je tremble, et ce n'est pas pour moi!
Hélas! hélas! que vais-je apprendre?
Mon cœur succombe à tant d'effroi!

JOHN BRED.

Mon Dieu! qui pourra me défendre?
Je tremble et pour elle et pour moi!
A quel malheur dois-je m'attendre?
Tous mes sens sont glacés d'effroi!

LES GARÇONS, au fond.

Il est vainqueur! et le voici!...

TOUS.

Victoire!... victoire!...

CATHERINE, avec joie.

C'est lui!... c'est lui!...

(Quatre garçons paraissent, portant Simnel en triomphe.)

SIMNEL, dans leurs bras.

Me voilà tout couvert de gloire!

JOHN BRED, avec ironie.

De gloire... et de contusions.

SIMNEL, avec orgueil.

Nous triomphons!
Ils ont pris la fuite soudain
Devant ce vieux refrain...
Notre chant populaire :

(Vieil air de marche bien caractérisé.)

Soldat d'York, mon compagnon,
Halte-là!... baissez pavillon,
Car j'entends le vieux cri de guerre
De Lancastre et de Richemont!

JOHN BRED, retournant les casseroles, et sortant du four des petits pâtés noirs comme du charbon.

Tout est brûlé!... c'est agréable!...

SIMNEL, à John Bred.

A vous l'honneur, notre bourgeois!

JOHN BRED, furieux.

Un bel honneur!... Va-t'en au diable!
Toi, ta chanson... et tes exploits.

Ensemble.

SIMNEL, étonné.

Pourquoi cette colère?
Calmez-vous, cher patron;
J'ai soutenu, j'espère,
L'honneur de la maison.

CATHERINE, calmant John Bred.

Calmez votre colère!...
J'en perdrai la raison...

Ah ! soyez moins sévère
Pour le pauvre garçon...

JOHN BRED, furieux.

Redoute ma colère!
Non, non, point de pardon !
Arrière, drôle !... arrière,
Et sors de la maison !

LE CHOEUR, à Simnel.

Redoute sa colère !
Obéis au patron.
Arrière ! allons, arrière,
Et sors de la maison !

(A la fin de cet ensemble, Catherine entraîne son père, qui veut se jeter sur Simnel. Les garçons et les servantes les suivent, en faisant signe à Simnel de sortir.)

SCÈNE III.

SIMNEL, seul, les suivant un moment.

Maître John Bred! notre bourgeois... (s'arrêtant.) A-t-on jamais vu! mettre un vainqueur à la porte! Qu'est-ce qu'il aurait donc fait si j'avais été battu?... Il m'aurait passé sa broche au travers du corps!... Cet homme-là ne sera jamais qu'un cuisinier... et si ce n'était sa fille... cette bonne petite Catherine... je ne regretterais pas sa maison!... Mais qu'est-ce que je vais faire à présent, et que dira ma pauvre mère?... Moi qui me jetterais au feu pour lui éviter un chagrin... Ah! mon Dieu !... c'est elle.

SCÈNE IV.

SIMNEL, MARTHE.

MARTHE.

Bonjour, mon garçon!... bonjour, mon bon Lambert!

SIMNEL, avec tendresse et embarras.

Bonjour, ma mère... Comme vous avez chaud! La!... je parie que vous vous êtes déjà fatiguée...

MARTHE.

Dame! crois-tu qu'une blanchisseuse de village, qui n'a que quelques méchantes petites pratiques toujours pressées, peut rester là... les bras croisés? (Contrefaisant des voix de femmes.) « Marthe, mes bouts de manches... je n'ai que cette paire-là! — Marthe, mon bonnet de Flandre, je veux être la plus belle à la danse... il y sera. » C'est à n'en plus finir... Aussi, ce matin, je me suis dépêchée de porter tout mon linge, afin d'avoir quelques minutes de plus à passer avec toi.

SIMNEL.

Qu'est-ce que je vous disais? Vous vous exténuez!...

MARTHE.

Non! je te vois et ça me repose... Un si bon fils... un si bon sujet... et s'il n'était pas si mauvaise tête... Mais tu m'as promis que jamais, à l'avenir...

SIMNEL.

Oui, ma mère...

MARTHE.

Ah! mon Dieu... ta collerette neuve qui est déchirée... Quelque dispute?...

SIMNEL.

Non pas! pas une dispute... une bataille... C'est bien différent!

MARTHE.

Encore!

SIMNEL.

Eh bien! oui... je me suis un peu battu contre les York, que je déteste!

MARTHE.

Et pourquoi?

SIMNEL.

Parce que je suis pour les Lancastre.

MARTHE.

Et pourquoi es-tu pour les Lancastre?

SIMNEL.

Je n'en sais rien... Parce qu'il faut être pour quelqu'un ! parce que notre roi actuel est un brave soldat... parce que lui et son fils se battent en personne, et comme des lions ! — J'aime les gens qui se battent eux-mêmes !... Vive Lancastre !... Vive la rose rouge !

MARTHE.

Veux-tu te taire ! Si le constable nous entendait !

SIMNEL.

Je le lui ai crié tout à l'heure aux oreilles, quand il voulait nous séparer... Et même... lui qui est de la rose blanche...

MARTHE, avec inquiétude.

Eh bien !...

SIMNEL.

Je lui ai allongé un coup de poing qui l'a fait changer de couleur.

MARTHE.

S'attaquer à l'autorité... pour se faire condamner et mettre en prison !...

SIMNEL.

Qu'importe !...

MARTHE.

Ce qu'il importe !... Et maître John l'aubergiste, qui a tant de respect pour les constables, ne voudra plus te donner sa fille en mariage.

SIMNEL.

C'est déjà fait !.. il refuse.

MARTHE.

O ciel!... il va te renvoyer, te mettre à la porte.

SIMNEL.

C'est déjà fait!

MARTHE.

Est-il possible?

SIMNEL.

Et voilà pourquoi je suis content de vous voir... pour vous embrasser encore... avant de me faire soldat.

MARTHE.

Toi, soldat!... pour te faire tuer!

SIMNEL.

C'est ce que je veux; je suis trop malheureux!

MARTHE.

Et qu'est-ce qu'il te manque donc?

SIMNEL.

Ce qu'il me manque!... Je n'ai pas de fortune, pas d'état... pas même de père... car je ne l'ai jamais connu, et quand je vous en parle vous ne me répondez pas... et vous détournez les yeux... comme maintenant...

MARTHE, avec émotion.

C'est vrai... mon fils!... et c'est à cause de cela... qu'il ne te reste rien!... que tu n'as personne ici pour t'aimer... (Lui tendant les bras.) Et moi... ingrat... et moi!...

SIMNEL.

Ah! pardon... ma mère... Battez-moi, punissez-moi.

MARTHE.

Oui, je te punirai en te faisant riche et heureux, en te faisant épouser celle que tu aimes.

SIMNEL.

Vous, ma mère?...

MARTHE.

Oui! j'ai un moyen... un moyen qu'il me coûte d'employer... Mais pour sauver son enfant... Je cours parler à maître John Bred... Attends-moi là, et surtout pas de sottises... pas d'imprudences.

SIMNEL.

Mais...

MARTHE, lui tapant sur la joue.

Attends-moi là, te dis-je... et bon courage!

(Elle sort.)

SCÈNE V.

SIMNEL, puis CATHERINE.

SIMNEL, seul.

Bon courage!... Pauvre femme!... elle veut me donner un espoir qu'elle n'a pas. Comment pourrait-elle se flatter?... elle qui n'a rien! Et maître John, le cœur le plus intéressé!... Ah! je ferais mieux de m'en aller sans revoir Catherine! (La voyant.) La voilà!...

DUO.

CATHERINE, en larmes.

Hélas! j'ai vu mon père... et n'ai pu le fléchir!

SIMNEL, tristement.

Ah! je comprends... il faut partir!
Ma Catherine, il faut te fuir!...

Des premiers beaux jours de ma vie,
De mon bonheur, de nos amours,
Adieu, souvenance chérie...
Je vais vous perdre pour toujours!...

CATHERINE.

Des premiers beaux jours de ma vie,
De mes serments, de nos amours,
Ah! la souvenance chérie
Dans mon cœur restera toujours!

SIMNEL.

Et nos danses dans la prairie,
Et ces rubans dont je parais
Ta tête d'ange si jolie...
Les oubliras-tu?

CATHERINE.

Non, jamais!

Ensemble.

SIMNEL, avec amour.

C'est toi seule que j'aime,
Toi seule règnes là,
Et cet amour extrême
Restera
Toujours là!

CATHERINE, avec amour.

Ah! c'est toi seul que j'aime,
Oui, toi seul règnes là!
Et cet amour extrême
Restera
Toujours là!

SIMNEL, s'éloignant et revenant auprès d'elle.

Quel bonheur eût été le nôtre!...

CATHERINE.

Plus de bonheur!

SIMNEL, avec crainte.

Tu vas en épouser un autre?

CATHERINE.

J'en ai bien peur!

SIMNEL, vivement.

Ah! ce mot seul me fait mourir!...
Je veux partir!

CATHERINE.

Adieu! adieu!

SIMNEL, la regardant.

Qu'elle est jolie!

Ma Catherine si chérie!...
Avant de m'éloigner... ta main, donne-la-moi!

CATHERINE.

Bien volontiers!... elle est à toi!...
Ça ne fait tort à personne, je crois!

SIMNEL, lui baisant la main.

Ah! quel transport!

CATHERINE, tristement.

Adieu!... adieu!...

SIMNEL, la retenant.

Puisque bientôt tu te dévoues,
Et que je vais quitter ce lieu,
Veux-tu que je te dise adieu
   Sur les deux joues?

CATHERINE, tendant la joue.

Bien volontiers!... Approche-toi...
Ça ne fait tort à personne, je crois!

(Simnel l'embrasse, puis, au moment de se séparer, ils reviennent dans les bras l'un de l'autre.)

Ensemble.

SIMNEL.

C'est toi seule que j'aime, etc.

CATHERINE.

Ah! c'est toi seul que j'aime, etc.

SCÈNE VI.

Les mêmes; JOHN BRED, MARTHE.

JOHN BRED, les voyant.

Eh bien?...

SIMNEL, s'éloignant tout à coup.

Ne vous fâchez pas, maître John... je m'en allais!...

JOHN BRED.

Imbécile!...

SIMNEL, surpris.

Imbécile!... Quel ton amical!

JOHN BRED, lui ouvrant les bras.

Oh! sans doute!... Embrasse-moi, mon garçon... embrasse-moi, mon gendre!

SIMNEL.

Votre gendre!...

CATHERINE.

Est-il possible?

SIMNEL, très-ému.

Qu'est-ce que vous dites là, maître John?...

JOHN BRED, gaîment.

Que Catherine est à toi...

SIMNEL, hors de lui.

Catherine!... Et c'est vous, ma bonne mère?

MARTHE, près de lui en souriant.

Je te l'avais promis!...

CATHERINE, à Marthe.

Ah! que vous êtes aimable... que je vous aimerai... (Elle court à son père.) Et vous aussi, mon petit papa... (Le caressant.) Jamais vous ne m'avez paru si gentil!...

JOHN BRED.

Ce que c'est que d'être bon père!... Ton bonheur avant tout, mon enfant... Mais du moment que j'ai su que ce gaillard de Simnel...

MARTHE, bas.

Vous m'avez juré le secret!

JOHN BRED, se reprenant.

C'est juste! Je n'y ai pas grand mérite... car je n'ai rien compris à cette lettre. Ce que j'y ai vu de plus clair, c'est qu'on t'assure une belle dot... la protection du duc de Norfolk...

SIMNEL.

Une belle dot!

CATHERINE.

Et la protection du duc...

JOHN BRED.

Alors, je n'ai pas hésité... J'avais promis Catherine à un des gens de la duchesse de Durham (Montrant Catherine.) sa marraine... une grande maison... un valet de pied... un homme qui fera son chemin!... mais je n'ai qu'une parole, je n'y pense plus!... Tudieu! la protection du duc de Norfolk... grand écuyer!... Je ne suis pas intéressé, mais cela peut nous faire entrer dans le service du roi... quand il y en aura un... car jusqu'à présent, avec leurs querelles des roses rouges, des roses blanches... on ne s'y reconnaît pas... Excepté l'homme franc et loyal qui, comme moi, ouvre son auberge, l'auberge des *Deux Roses*, à tous les partis... car tous les partis mangent... les vainqueurs pour se réjouir, les vaincus pour se consoler... c'est l'avantage de l'état de cuisinier... il peut vivre sans opinion, et les opinions ne peuvent vivre sans lui! (A sa fille.) Catherine, va prévenir le curé... Les fiançailles dans deux heures! Moi, je cours inviter nos parents, nos amis.

SIMNEL.

De mon côté, ce ne sera pas long, je n'ai que ma mère.

MARTHE.

Moi, mon ami, je pars.

CATHERINE, étonnée.

Vous partez?...

SIMNEL, de même.

Quand je vais être heureux!

MARTHE.

Soyez tranquilles... je serai revenue pour le mariage...

dans quinze jours au plus tard... mais il faut que je parte sur-le-champ.

SIMNEL.

Pourquoi faire?

MARTHE.

Pour aller chercher ta dot...

SIMNEL.

Ma dot? Et d'où me vient-elle?

MARTHE.

Ça me regarde...

CATHERINE, à Simnel.

Qu'est-ce que ça vous fait?

JOHN BRED.

Pourvu qu'elle vienne!... moi je ne suis pas intéressé; mais j'aime à voir les choses de près.

SIMNEL.

Mais, nous vous attendrons, même pour les fiançailles!...

MARTHE.

Du tout, je vous défends de retarder d'une minute.

SIMNEL.

Mais où allez-vous donc?

MARTHE.

Je ne puis te le dire.

SIMNEL.

Encore des mystères?...

MARTHE, avec tendresse.

C'est le dernier... et quand tu sauras ce que j'ai été obligée de te cacher si longtemps, tu n'en voudras pas à ta mère; n'est-ce pas, tu l'aimeras toujours?...

SIMNEL, l'embrassant.

Pouvez-vous me le demander?

MARTHE, les prenant tous les deux sous ses bras.

Adieu, mes enfants... adieu... aimez-vous bien... pensez un peu à moi... et surtout pas d'inquiétudes, pas de chagrins, car tout va à merveille!...

JOHN BRED.

Viens, Catherine... Toi, monsieur le fiancé, songe à faire tes preuves... et pour commencer, prépare le menu de ton repas de fiançailles.

SIMNEL, avec dignité.

Oui, beau-père!

(Marthe sort d'un côté, John et sa fille de l'autre.)

SCÈNE VII.

SIMNEL, seul.

AIR.

Quel doux espoir se présente à mes yeux!
L'hymen couronnerait mes vœux!

Les yeux baissés, timide et belle,
Ma fiancée est à mon bras!
Avec orgueil, vers la chapelle
Doucement je guide ses pas.
L'orgue déjà se fait entendre;
Le prêtre nous promet un bonheur éternel,
Et sur nous sa voix fait descendre
La bénédiction du ciel!...

Les yeux baissés, timide et belle,
Ma femme alors est à mon bras,
Et vers la maison paternelle
Doucement je guide ses pas.

Heureuse ivresse!
Jour de tendresse!
S'aimer sans cesse...
Joyeux destin!

A mon ouvrage
Dès le matin...
Gaîté, courage,
C'est mon refrain...
Quand la journée
Est terminée,
Vient le plaisir,
Et sous l'ombrage,
Tout le village
Nous voit courir!...
(Cornemuse. — Mouvement de danse.)
Cornemuse anglaise,
Musette écossaise,
Donnent le signal!...
Et dans la prairie,
Naissante et fleurie,
Nous ouvrons le bal !
Tra la la, tra la la...
Je crois m'y voir déjà!...

Comme sur la glace
Ma femme avec grâce
Fuit en souriant!...
D'un bras je l'enlace,
Et puis je l'embrasse
Pour son châtiment!
Ah! ah! ah! ah! ah! ah!
Je crois m'y voir déjà !

Heureuse ivresse,
Jour de tendresse, etc.

(Il danse sur les dernières mesures.)

SCÈNE VIII.

SIMNEL, LINCOLN, SIMON.

(Lincoln est habillé en cavalier du temps et couvert de poussière. Simon est vêtu comme un docteur.)

LINCOLN, voyant Simnel danser.

Dieu me damne! en voilà un qui est bien joyeux!

SIMNEL, s'arrêtant brusquement.

Oh! des étrangers!...

SIMON, lui frappant sur l'épaule.

Par saint Édouard! vous n'y pensez pas, l'ami; au lieu de vous occuper des voyageurs que le ciel vous envoie...
(Il le regarde et reste stupéfait. A lui-même.) Ah! c'est particulier...
(Bas à Lincoln, qui s'est assis de côté.) Monsieur le comte, regardez donc!

LINCOLN.

Quoi?

SIMON, lui montrant Simnel.

Ce garçon d'auberge...

LINCOLN.

Eh bien!... qu'il nous serve...

SIMON, bas.

Vous ne trouvez pas une ressemblance frappante avec?...

LINCOLN, se levant involontairement.

En effet... je n'avais pas remarqué...

SIMNEL, à part.

Qu'est-ce qu'ils ont donc à me dévisager de la tête aux pieds?...C'est très-incivil.

SIMON.

Par sainte Marie d'Oxford! si je ne l'avais pas vu, il y a huit jours encore, dans la Tour de Londres...

LINCOLN.

Qu'importe? (A Simnel.) Eh bien!... est-ce que l'on fait ainsi attendre des gentilshommes?... Rustre, vassal, je t'ai dit de nous servir!... M'entends-tu?

SIMNEL.

Non, je n'entends pas!

LINCOLN.

Et pourquoi?

SIMNEL.

Je ne suis pas votre vassal!

LINCOLN.

Qui es-tu donc?

SIMNEL.

Bon Anglais... citoyen de ce comté... Je n'obéis qu'à mon maître et à ceux qui me parlent poliment.

LINCOLN, mettant la main sur son épée.

Insolent!... je t'apprendrai...

SIMNEL, prenant un pot de bière et se levant.

N'approchez pas!... Le garçon pâtissier est brutal de sa nature!...

SIMON, à Lincoln.

Y pensez-vous! une dispute?...

SIMNEL, à part.

C'est vrai... un jour de fiançailles... Moi qui ai promis à ma mère de n'en plus avoir...

SIMON, avec douceur, à Simnel.

Allons... allons, mon garçon, au lieu de nous jeter à la tête des brocs vides... servez-nous-les, remplis jusqu'aux bords... Vous vous en trouverez mieux et nous aussi!

SIMNEL, s'adoucissant.

A la bonne heure!... quand on s'y prend honnêtement... (Leur servant un pot de bière.) Voici, messeigneurs! (A part, en regardant Simon et Lincoln alternativement.) Celui-là me plaît, mais l'autre... j'aurais eu plaisir... Enfin, je vais rejoindre Catherine et préparer mon repas de fiançailles.

(Il sort.)

SCÈNE IX.

LINCOLN, assis, **SIMON**, debout et regardant sortir Simnel.

LINCOLN, pendant qu'il s'éloigne.

Et de l'ale... du porter... une tranche de venaison... (A lui-même.) Vive Dieu!... encore quelques jours, et nous ferons marcher ces manants comme ils le méritent... Que regardes-tu donc, honnête Simon?

SIMON.

Je ne reviens pas de cette ressemblance...

LINCOLN.

Tu y penses encore?

SIMON.

Sur mon âme! c'est tout le portrait du comte de Warwik, de ce royal héritier des York, à qui, Dieu aidant, nous allons rendre la couronne!...

LINCOLN.

Oui... il y a bien quelque chose...

SIMON.

C'est-à-dire que c'est frappant... même taille... même visage... C'est inconcevable! Est-ce qu'il devrait être permis à un manant d'avoir d'aussi nobles traits?

LINCOLN.

Jeu du hasard!... Crois-tu donc que ces grossiers paysans sont faits de la même pâte que nous?

SIMON.

Dieu m'en préserve, milord; je ne tombe pas dans de pareilles hérésies!

16.

LINCOLN, se versant à boire.

Laissons cela... et parlons de nos affaires...

SIMON.

Elles vont à merveille, grâce à nos pieux efforts; si vous aviez vu leur ardeur, quand j'ai annoncé à nos partisans, promis à nos soldats que le jeune comte de Warwik, enfermé par l'infâme Richard dans la Tour de Londres, que l'unique et dernier rejeton des York allait bientôt reparaître dans nos rangs...

LINCOLN.

Tu es donc bien sûr de sa délivrance?

SIMON.

Le major Tom Will en répond, et l'on peut s'en rapporter à lui pour un coup de main! Il enlèverait la tour de Cantorbéry, sans que la ville s'en doutât!

LINCOLN.

Oui, c'est un homme sûr quand on le paie.

SIMON.

Et il est payé, six mille nobles à la rose... dont moitié d'avance... Aussi je l'attends d'un instant à l'autre, lui et notre jeune prince, notre souverain... le seul qui puisse renverser le traître Richemont, cet odieux Henri VII.

LINCOLN.

Ce tyran qui fait le malheur de l'Angleterre... Car enfin... je devrais être son premier ministre... ça m'était dû...

SIMON.

Et moi, recteur du grand collége d'Oxford!... ça m'était promis!

LINCOLN.

Me refuser brutalement!...

SIMON.

Me faire chasser comme intrigant... et hypocrite!...

LINCOLN.

Moi, comte de Lincoln! que ma naissance appelait aux premiers emplois!...

SIMON.

Moi, Richard Simon, trésorier de la communauté de Cambridge!...

LINCOLN.

C'est un ambitieux!

SIMON.

Un homme sans foi, sans religion; il faut l'abattre...

LINCOLN.

Reprendre nos dignités... nos places!

SIMON.

Tout ce qui sera à notre convenance...

LINCOLN, buvant.

Et le peuple sera heureux!...

SIMON, de même.

Et son bonheur nous consolera des sacrifices que nous aurons faits pour lui...

LINCOLN, avec force.

Que Warwik paraisse seulement, et...

SIMON.

Chut!... Ah!... c'est Tom Will!

LINCOLN, se levant.

Victoire! (Étonné.) Quoi!... seul?...

SCÈNE X.

Les mêmes; TOM WILL.

TOM WILL, brusquement.

Malédiction!... tout est perdu!

SIMON et LINCOLN.

Comment?...

TOM WILL.

Une entreprise si bien concertée... Rage et tonnerre!... Pardon, milord, si je m'exprime en soldat!

(Il avale un verre de bière qui était versé.)

SIMON.

Le prince n'a pu s'échapper de la Tour?

TOM WILL, s'essuyant les moustaches.

Quand j'étais là... par la mort!

SIMON.

On vous l'a repris?...

TOM WILL.

Que la peste vous étouffe, docteur!... pardon si je m'exprime en soldat!... mais une légion de diables ne me l'aurait pas enlevé.

LINCOLN, avec impatience.

Enfin?...

TOM WILL.

Un événement imprévu, horrible... ce malheureux prince... enfermé depuis son enfance... faible, languissant... frappé au cœur, peut-être, par cette longue captivité, était à peine libre qu'il est mort dans mes bras...

LINCOLN, frappé.

Mort!...

SIMON.

Le prince!...

TOM WILL.

J'étais seul près de lui... dans une chaumière abandonnée, et j'ai pu cacher ce malheur!... Mais à quoi bon maintenant?... tout est fini! Nous n'avons plus qu'à nous séparer.

SIMON, effrayé et voulant sortir.

Il a raison, milord... séparons-nous... Je retourne à Oxford, et Dieu sauve le roi!

LINCOLN, l'arrêtant.

Lequel?

SIMON.

Celui que nous aurons!

LINCOLN.

Un instant, messieurs. (A lui-même.) Renoncer à toutes nos espérances... quand notre armée était pleine d'ardeur... quand tous nos partisans se levaient au nom seul de Warwik... de Warwik que nous leur avions promis!

SIMON.

Pauvre petit prince!

LINCOLN, avec impatience.

Ce n'est pas lui que je regrette... Un enfant qui n'aurait pu soutenir le fardeau de sa couronne... Ce que nous voulions avant tout, c'était un nom... un fantôme de roi que nous aurions conduit à notre gré... et à l'abri duquel nous aurions gouverné!...

SIMON, d'un air bénin.

C'est bien comme nous l'entendions!...

TOM WILL, buvant.

Parbleu! ce n'est pas lui qui perd le pouvoir... c'est nous!...

LINCOLN.

Et aucun moyen d'empêcher l'édifice de s'écrouler!...

SIMON, frappé d'une idée.

Peut-être!... Attendez!... Le ciel m'inspire une petite ruse innocente...

LINCOLN.

Que dis-tu?

TOM WILL.

Une ruse innocente... Il va proposer quelque infamie... Pardon si je m'exprime...

TRIO.

SIMON.

Il nous faut un Warwik !

LINCOLN.

Il le faut à tout prix !

SIMON.

Pour guider nos soldats !...

LINCOLN.

Enflammer les esprits !

TOM WILL.

Où le trouver ?

SIMON.

Ici !

LINCOLN.

Comment ?

TOM WILL.

Comment ?

SIMON.

Silence !

(A Lincoln.)
Ce jeune homme !...

TOM WILL.

Un jeune homme ?

LINCOLN, à Simon.

En ces lieux !...

TOM WILL, étonné.

En ces lieux ?

SIMON.

Dont les traits...

LINCOLN.

Les regards...

SIMON.

Ont tant de ressemblance...

LINCOLN, frappé.

En effet !

TOM WILL.

Qu'est-ce donc?

SIMON.

Nous trompons...

LINCOLN.

Tous les yeux!

TOM WILL, à tous deux.

Mais, enfin, quel complot?...

SIMON, lui montrant la table.

Buvez, major, et pas un mot !

Ensemble.

LINCOLN.

Son projet fait renaître
  L'espoir en mon cœur !...
Et du destin, peut-être,
Je suis encor vainqueur !

SIMON.

Mon projet fait renaître
  L'espoir en mon cœur !...
Et du destin, peut-être,
Je suis encor vainqueur !

TOM WILL, prenant la bouteille et se versant rasade.

Cet aspect fait renaître
  L'espérance en mon cœur !
Que m'importe mon maître,
Quand je bois du meilleur !

LINCOLN, à Simon.

Mais consentira-t-il ?...

SIMON.

L'éclat du rang suprême...

LINCOLN.

Comment le décider ?

SIMON.

En le trompant lui-même !

LINCOLN.

Son rôle ?...

SIMON.

Je m'en charge

LINCOLN.

Il est brave.

SIMON, s'arrêtant tout à coup.

Et bientôt...

TOM WILL, se levant, son verre à la main.

Qu'avez-vous donc ?...

SIMON.

Buvez, major, et pas un mot !

Ensemble.

LINCOLN.

Son projet fait renaître, etc.

SIMON.

Mon projet fait renaître, etc.

TOM WILL.

Cet aspect fait renaître, etc.

(A la fin du trio, entrent Simnel et Catherine. Simnel traverse le théâtre et sort. Catherine apporte un plat qu'elle pose sur la table et continue de mettre le couvert. Après l'ensemble, Simon s'approche de Catherine et lui parle sur la ritournelle.)

SCÈNE XI.

LINCOLN, TOM WILL, SIMON, CATHERINE.

TOM WILL, bas à Lincoln.

Qu'a-t-il donc le docteur, à causer avec cette jeune fille ?

LINCOLN, à part.

Je devine, il prend ses informations !

TOM WILL.

Elle est, parbleu, charmante!... et je ne vois pas pourquoi il aurait seul l'avantage...

LINCOLN, arrêtant Tom Will.

Restez, major... vous ne comprenez pas !

CATHERINE, à Simon.

C'est bien de l'honneur que vous m'avez fait de causer ainsi avec moi... et je causerais bien encore... Moi, d'abord, je causerais toujours... surtout de lui... Mais je suis obligée de vous quitter... Mon père m'attend, et ma toilette... Vous comprenez et vous m'excuserez!...

(Elle sort en courant.)

SCÈNE XII.

TOM WILL, SIMON, LINCOLN.

LINCOLN, à Simon.

Eh bien ! qu'as-tu appris ?

SIMON.

Tout ce qu'il nous importe de savoir... Les renseignements que m'a donnés cette petite nous servent à merveille... Il se nomme Lambert Simnel... il n'a pas de famille... Son père, il ne l'a jamais vu...

LINCOLN.

Et sa mère ?...

SIMON.

Une femme de ce village, absente pour quinze jours... Tout nous seconde!... (Voyant entrer Simnel.) Silence ! le voici... (Haut à Simnel.) Un instant, mon ami...

LINCOLN, à Tom Will et à voix-basse.

Major, va chercher nos amis, et qu'ils viennent à l'instant...

TOM WILL.

Oui, milord...

(Il sort par le fond.)

SCÈNE XIII.

LINCOLN, SIMON, SIMNEL.

SIMON, à Simnel, montrant Lincoln.

Milord, comte de Lincoln, voudrait te parler.

SIMNEL.

Ah ! c'est le comte de Lincoln !...

LINCOLN, à Simnel.

Lambert Simnel, car c'est, je crois, le nom que tu portes à présent... écoute-moi...

SIMNEL.

Pardon, milord... mais cette dispute de tout à l'heure..

LINCOLN.

N'était qu'un prétexte pour éprouver ton courage !

SIMNEL.

L'épreuve a manqué vous coûter cher, milord !... J'allais casser la tête d'un comte, ni plus ni moins que celle d'un camarade !...

SIMON.

C'est ce qui le charme en toi !... Milord aime les braves... et depuis ce moment, il t'a pris en affection !

SIMNEL, étonné.

Vraiment ?

LINCOLN.

Il ne tient qu'à toi de t'en assurer... car tout ce que tu désireras, je suis prêt à te l'accorder !

SIMON.

Voyons, que veux-tu ?... que demandes-tu ?

SIMNEL.

Rien !

LINCOLN.

Quoi ! pas un vœu, pas un désir à former ?

SIMNEL.

Aucun !... J'épouse aujourd'hui celle que j'aime, et son père, maître John Bred, me cède sa maison... Moi, cuisinier et pâtissier en chef, le seul objet de mon ambition... je vous le demande, que puis-je désirer de plus ?

SIMON.

Mais si la condition que tu occupes n'était pas la tienne ?...

SIMNEL.

Allons donc !

LINCOLN.

Supposons, par exemple, que tu sois un lord, un grand seigneur !

SIMNEL.

Allons donc !

SIMON.

Supposons-le... Que dirais-tu ?

SIMNEL.

Je dirais que c'est un grand malheur !

LINCOLN.

Et que ferais-tu ?

SIMNEL.

Ce que je ferais ? dame ! si j'étais condamné à être gentilhomme... je ferais pour cet état-là... ce que je fais pour le mien... Je l'exercerais en conscience, et tâcherais de m'en tirer le moins mal possible.

SIMON.

A la bonne heure ! voilà qui est parler... Ainsi donc si tu étais d'un sang noble et illustre...

LINCOLN.

Si tu avais à soutenir l'honneur de tes aïeux !

SIMNEL, le regardant avec crainte.

Pourquoi me demandez-vous cela ?

SIMON.

Si des amis comptaient sur ton bras ?

LINCOLN.

Et t'apportaient l'épée de ton père ?

SIMNEL, ému.

Mon père !... que dites-vous ?

LINCOLN, d'un air solennel.

Oui, et bientôt tu vas le connaître... Silence seulement, c'est tout ce qu'on te demande.

SCÈNE XIV.

SIMON, SIMNEL, LINCOLN, TOM WILL, Officiers et Hérauts d'armes.

(Ils entrent silencieusement. — Les officiers se rangent au fond à droite. — Lincoln et Simon s'approchent respectueusement de Simnel. — On lui met par dessus son habit un ceinturon et un ordre. — Tom Will s'avance et lui présente une épée.)

FINALE.

LINCOLN.

Oui, ce glaive est celui de ton père !... il t'ordonne
  De recouvrer avec nous,

              (Montrant le glaive.)

          Et par lui,

Son héritage !

SIMNEL, entraîné.

Ah ! je le jure ici !

LINCOLN.

Et si cet héritage était une couronne!

SIMNEL, hors de lui.

O ciel! que dites-vous?

LINCOLN, un genou en terre.

Que vos sujets, mon prince, embrassent vos genoux!

TOUS, de même.

Oui, vos sujets sont tous
A vos genoux!

SIMNEL.

Ah! c'est un rêve... un délire...
C'est à peine si je respire...
Ah! dans mon cœur quel trouble, quel délire!
Comme tout bas je sens battre mon cœur!
Est-ce de crainte ou de bonheur?...

LINCOLN, solennellement.

Non, mon prince! et le ciel permet de tout vous dire!
(Lincoln, Simon, Tom Will l'entourent tous trois et l'amènent sur le devant du théâtre.)

LINCOLN.

Seul héritier des York, rejeton de nos rois,
Unique fils du comte de Clarence,
Warwik! venez reprendre et le trône et vos droits!

SIMNEL, étourdi.

Warwik!... qui, moi?

SIMON.

Pour tromper la vengeance
Des Lancastre et des Richemont...

LINCOLN.

Près d'un village obscur, on cacha votre enfance...

TOM WILL.

Tandis que, dans votre prison,
Un autre portait votre nom...

SIMNEL.

Mais Lambert Simnel est mon nom!...

SIMON.

C'était un artifice!

SIMNEL.

Mon père?...

LINCOLN.

Vous le nommait-on?

SIMNEL.

Jamais, vous avez raison...
Mais, ma mère...

SIMON, avec dédain.

Votre nourrice,
Rien de plus!

SIMNEL.

Ma nourrice!
(Les larmes aux yeux.)
Pauvre femme!... il se pourrait!...
(A lui-même.)
C'était donc là ce grand secret
Qu'avec soin elle me cachait!

Ah! c'est un rêve, un délire... etc.
(A Lincoln.)
Et que veut-on?

LINCOLN, avec force.

Il faut à l'instant même
Ressaisir votre diadème...

TOM WILL.

Montrer à tous les yeux
La noble ardeur de vos aïeux!
(Ici on entend dans l'éloignement des fanfares et des trompettes qui se répondent à différentes distances.)

LINCOLN.

Écoutez... ce sont vos soldats...
Qui brûlent de suivre vos pas!

SIMNEL, avec orgueil et joie.
Mes soldats!... mes soldats!...
(Reprenant l'air de marche de l'introduction.)
Ah! ce signal de guerre
A troublé ma raison!
(Avec force.)
Soldat d'York, mon compagnon,
En avant! suis mon escadron;
Car j'entends le vieux cri de guerre
De Lancastre et de Richemont!

TOUS, avec élan.
Marchons!
(On entend à gauche une musique villageoise.)

SIMNEL, s'arrêtant.
Bonté divine!
C'est mon beau-père et Catherine!
Ah! j'allais oublier
Qu'ici je dois me marier!

SCÈNE XV.

LES MÊMES; CATHERINE, en mariée, JOHN BRED, GARÇONS et SERVANTES, en habits de fête, le bouquet au côté.

CATHERINE, avec joie.
Grâce au ciel, je suis prête,
Et dans nos habits de fête
Nous accourons!
(Se trouvant près de Simnel.)
O ciel!

JOHN BRED.
Que veut dire cela?
Jamais pâtissier ne porta
Ce costume-là!

CATHERINE, vivement.
Simnel!...

LINCOLN, lentement.

N'existe plus !

TOUS.

Comment ?

LES OFFICIERS.

Gloire à Warwik... le prétendant !

LES GARÇONS.

Simnel ! Simnel ! le prétendant ?

JOHN BRED, stupéfait.

C'était donc là ce grand secret...
Que sa mère nous dérobait !

CATHERINE, le cœur gros.

Est-il possible ! Ah ! j'en mourrai !...

SIMNEL, à part.

Sa douleur me déchire l'âme...

CATHERINE, sanglotant.

Un peu plus tard... j'étais sa femme !

SIMNEL.

Elle a raison... je l'aimais tant !
Ma foi !...

(Voulant aller à elle.)

LINCOLN, l'arrêtant.

Pensez à votre rang !

SIMON.

A vos devoirs !...

TOM WILL.

A vos soldats !

LINCOLN.

A la gloire !

TOM WILL.

Aux combats !

Ensemble.

CATHERINE.

Ah! ce signal de gloire
Vient déchirer mon cœur...
Simnel, une victoire
Ne vaut pas le bonheur!

JOHN BRED.

Ah! ce signal de gloire
Vient effrayer mon cœur...
La plus belle victoire
Est toujours un malheur!

SIMNEL.

A ce signal de gloire,
A la voix de l'honneur,
L'espoir de la victoire
Fait palpiter mon cœur!...

LINCOLN, SIMON, TOM WILL.

A ce signal de gloire,
A la voix de l'honneur,
Marchons! car la victoire
Sourit à la valeur!

(Simnel sort, suivi des siens, après avoir jeté un regard sur Catherine qui est soutenue par son père et entourée de ses compagnes.)

ACTE DEUXIÈME

Un salon du château de la duchesse de Durham. — A droite une large fenêtre avec balcon extérieur. A gauche l'oratoire de la duchesse. Portes latérales conduisant à différents appartements. Portes de fond, ouvrant sur une large galerie ou salle d'armes. Meubles du temps, très-riches.

SCÈNE PREMIÈRE.

LA DUCHESSE, seule.

(Au lever du rideau il fait encore nuit ; une lampe allumée sur une petite table sculptée éclaire le théâtre d'un demi-jour. — La fenêtre de droite est ouverte ; la duchesse est debout près du balcon.)

AIR.

J'écoute en vain !... à mon âme éperdue
De la brise l'écho n'apporte que le bruit.
Je regarde au loin, et ma vue
Ne peut percer les ombres de la nuit !

Anges des cieux, bonté suprême !
Écartez de celui que j'aime
Les périls qu'il ne fuirait pas,
Et près de moi guidez ses pas !
Noble prince, héritier du trône,
Toi, mon orgueil de chaque jour,
D'autres t'aiment pour la couronne,
Moi, je ne veux que ton amour !

Anges des cieux, bonté suprême ! etc.

(Elle écoute le galop éloigné d'un cheval. Mouvement plus vif.)

Mais à ce bruit soudain mon cœur bat d'espérance.
C'est lui!... J'ai reconnu son rapide coursier...
Il approche... et bientôt, franchissant la distance...
(Avec amour.)
Je vais le voir... Je puis tout oublier!

  O doux mensonge!
  Si c'est un songe,
  Qu'amour prolonge
  Ce rêve heureux!
  Après l'orage,
  Tendre présage
  S'offre à mes yeux!
  (Avec bonheur.)
Une vaine chimère
N'abuse plus mes sens...
Son erreur passagère
Fuit avec mes tourments,
Comme la blanche aurore
Dissipe à son retour
L'ombre qu'elle colore
De tous les feux du jour!...
  (Écoutant.)
  Oh! c'est bien lui,
   Oui... oui...

  Si c'est un songe,
  O doux mensonge!
  Qu'amour prolonge, etc.

SCÈNE II.

LA DUCHESSE, ÉDOUARD, entrant par le fond. Il est vêtu en piqueur des chasses (fauconnier), costume très-simple, et recouvert d'un large manteau.

  LA DUCHESSE, avec un cri de joie.

Je ne m'étais pas trompée... Édouard!

ÉDOUARD.

Marie!... je vous revois enfin.

LA DUCHESSE, tendrement.

Que vous avez tardé, mon Dieu! et combien j'ai souffert! Trois jours à vous attendre... à guetter sans cesse votre arrivée, que je n'espérais plus! oh! que la guerre est une triste chose!

ÉDOUARD.

Bien triste, en effet, surtout quand elle nous arme contre des compatriotes et des frères!

LA DUCHESSE.

La rébellion a-t-elle donc fait de nouveaux progrès?

ÉDOUARD.

Tout le pays est soulevé... et pour quitter en secret mon armée, pour gagner sans danger la forêt qui entoure votre château, j'ai été contraint de me cacher sous le pourpoint d'un simple fauconnier.

LA DUCHESSE.

Et vous exposer ainsi!...

ÉDOUARD.

J'ai tant de choses à vous raconter!... Mon père sait tout... je lui ai avoué notre amour!... « Elle est du sang du roi d'Écosse, lui ai-je dit, et sur ce trône où Henri VII vient de monter par le vœu du peuple, pourquoi appeler une princesse étrangère?... pourquoi ne pas permettre à moi, votre fils, au prince royal, une union que votre sagesse ne réprouve pas, et que mon cœur désire si ardemment?... »

LA DUCHESSE.

Eh bien! qu'a-t-il répondu?

ÉDOUARD.

« Me parler de mariage quand la révolte nous menace, quand les Irlandais soulevés ont embrassé avec enthousiasme la cause de l'imposteur!... Va, mon fils, réduis-les d'abord à l'obéissance, et nous verrons après. »

LA DUCHESSE.

Est-il possible?...

ÉDOUARD.

Oui... que je revienne triomphant, et il consentira, j'en suis sûr. Pourrait-il rien refuser à son fils, à un vainqueur?

LA DUCHESSE.

Vous triompherez, Édouard, n'est-il pas vrai?

ÉDOUARD, souriant.

Mais, je l'espère!

LA DUCHESSE.

Maintenant plus que jamais, je vais prendre intérêt au succès de cette guerre... Les rebelles sont-ils donc devenus si redoutables?

ÉDOUARD.

Mais, oui...

LA DUCHESSE.

Qui donc peut être dupe d'une pareille imposture?

ÉDOUARD.

Tous les mécontents, tous les sots!... et le nombre en est grand...

LA DUCHESSE.

Mais reconnaître pour son prince un Lambert Simnel, un garçon de taverne, que ses habitudes et son langage doivent trahir à chaque instant...

ÉDOUARD.

Lui seul, dit-on, est de bonne foi... et qu'il le soit ou non, je dois convenir qu'il est brave... intrépide... Le sang des York coulerait dans ses veines, qu'il ne se battrait pas mieux!... Toujours au premier rang, au poste le plus menacé... il ne recule jamais... C'est du moins ce que proclament tous ceux qui se sont mesurés avec lui... Son audace, ses succès ont grossi bien vite son armée... Les Irlandais, toujours disposés à la révolte, ont fait cause commune avec lui, et en quinze jours l'incendie a fait des progrès si rapides, que mon père, vous le voyez, a jugé qu'il ne fallait pas moins qu'une armée régulière pour châtier les rebelles... Mais rassurez-vous, je serai digne du commandement qu'il m'a confié, et dès demain, Dieu aidant, l'imposteur sera mon prisonnier. Toutes mes dispositions sont prises... A la faveur de la nuit, ses troupes ont été enveloppées par les miennes; il est cerné de tous côtés, je l'attaque au point du jour; et maintenant que vous savez tout... adieu, mon amie.

LA DUCHESSE, le retenant.

Un moment encore !

ÉDOUARD.

Je dois vous quitter...

LA DUCHESSE, lui montrant la porte à droite.

Ce ne sera pas du moins sans accepter le modeste repas que j'avais fait préparer pour Votre Altesse.

(Ils vont s'asseoir près de la table, et s'arrêtent tous deux en écoutant.)

ÉDOUARD.

Eh! mais, quel bruit se fait entendre?

LA DUCHESSE.

Pour quoi ce tumulte et ces cris?

SCÈNE III.

Les mêmes; WILLIAMS, accourant tout effaré.

WILLIAMS, à Édouard.

Tout est perdu!... Fuyez...

ÉDOUARD.

Comment?...

WILLIAMS, troublé.

Les ennemis !...

Impossible de se défendre,
Le château par eux est surpris...

LA DUCHESSE.

Grands dieux !

WILLIAMS.

Fuyez, mon prince...

ÉDOUARD, avec fureur.

O fatale imprudence !...

Et mes soldats ?...

LA DUCHESSE, les mains jointes.

Au nom du ciel, ne vous exposez pas !...

(A Williams en lui montrant la droite.)

De ce côté, peut-être...

WILLIAMS, écoutant à droite.

Il est en leur puissance...

LE CHOEUR, en dehors et se rapprochant peu à peu.

Frappons !... frappons !... Suivez nos pas !

LA DUCHESSE, montrant la porte à gauche.

Eh ! vite, par mon oratoire...
L'escalier conduit au jardin.

ÉDOUARD, résistant.

Fuir devant lui !

LA DUCHESSE.

Pour revenir soudain,
Et pour ressaisir la victoire...

(Les mains jointes et l'entraînant à gauche.)

Si vous m'aimez...

(Edouard est entraîné par Williams et disparaît avec lui par la porte de l'oratoire. — Le bruit a augmenté. — La duchesse seule.)

Mon Dieu ! veille sur son destin !

(Les portes du fond s'ouvrent tout à coup ; on voit des femmes et des valets qui fuient épouvantés devant les soldats de Simnel. — La duchesse est à gauche.)

SCÈNE IV.

LA DUCHESSE, Femmes, Vassaux, Officiers et Soldats;
puis successivement TOM WILL, SIMON et SIMNEL.

Ensemble.

LES SOLDATS.

Frappons, frappons !... Guerre et carnage !
Fuyez, fuyez, faible troupeau ;
Le butin est notre partage,
A nous tout l'or et le château !

LES FEMMES et LES VASSAUX.

Pitié ! pitié !... votre courage
Sera-t-il pour nous un fléau ?
Laissez-nous un libre passage,
Laissez-nous fuir de ce château !

LA DUCHESSE, à part.

O Dieu, conjure cet orage,
Du prince éloigne un tel fléau !
Ah ! viens ranimer mon courage
Et l'éclairer de ton flambeau !

(Sur un mouvement des soldats, les femmes poussent un cri. Simnel paraît et les arrête d'un geste. Il est armé d'une petite cuirasse et son casque est surmonté de la couronne royale.)

SIMNEL.

Vive Dieu ! est-ce ainsi que l'on m'obéit ?... Contre des femmes, des vassaux sans défense !... par saint Georges !... le premier... (Aux femmes et aux vassaux.) Ne craignez rien, mes amis... ce n'est pas à vous que nous en voulons, vous pouvez vous retirer... (La plupart des vassaux sortent par le fond ; il ne reste près de la duchesse que des valets et quelques femmes. — A ses officiers :) Allez, courez placer vos hommes ! Que l'on s'empare de tous les postes, de toutes les issues, et que personne ne puisse sortir du château sans mon ordre.

(Il remonte et continue à donner des ordres. La duchesse est à gauche, masquée par le groupe de femmes et de valets.)

LA DUCHESSE, à part.

O mon Dieu! le prince pourra-t-il s'échapper?...

SIMNEL, à Tom Will.

Eh! bien, major?...

TOM WILL, gaiement.

Le château est à nous, Altesse, et du diable si les troupes du Lancastre se sont doutées de notre mouvement. Tudieu! Altesse, comme vous nous avez mené cela!

SIMNEL.

Vous trouvez donc, major, que je fais honneur à vos leçons... (Montrant Simon.) plus qu'aux siennes? Car au lieu des lettres de l'alphabet qu'ils veut m'apprendre, je trace toujours des lances et des épées.

SIMON.

Mais cependant, mon prince...

SIMNEL.

Oui, docteur... je comprends... il faut qu'un prince sache écrire... quoique tous les nobles seigneurs s'en passent... Mais nous reprendrons nos leçons plus tard... à Londres!

TOM WILL.

A Londres!

SIMON.

Moi qui comptais me reposer ici!

SIMNEL.

Non! pardieu! Il faut battre le fer pendant qu'il est chaud... A Londres dans trois jours... Ce premier succès nous en ouvre les portes... Je donne deux heures aux soldats pour se reposer!

TOM WILL.

Et une heure de pillage!... rien ne délasse comme ça.

SIMNEL, vivement.

Je le défends !...

TOM WILL.

Permettez... ça leur a été promis...

SIMON.

Ils n'ont pas d'autre paie...

SIMNEL, sévèrement.

N'importe !... c'est déjà contre mes ordres et à mon insu qu'on a ravagé les environs... (A part, avec émotion.) Dévaster mon pays... c'est là que demeuraient ma mère... et Catherine ! (A haute voix.) Je défends le pillage ici... et ailleurs... sous peine d'être pendu, (Regardant alternativement Tom Will et Simon.) sans distinction de rang... ou de grade !...

TOM WILL, à Simnel avec humeur.

Comme vous voudrez, Altesse... ce n'est pas ainsi que vous vous ferez des partisans...

SIMNEL.

C'est possible ! je ne suis pas si politique que vous, messeigneurs... mais il m'est avis cependant que lorsqu'on veut se faire des amis, on ne commence pas par leur prendre tout ce qu'ils ont... (Les interrompant au moment où ils vont répondre.) Après ça, que cela vous plaise ou non, il n'en sera ni plus ni moins.

TOM WILL, bas à Simon.

C'est drôle ! il ne se laisse pas mener aussi facilement que nous le pensions !

SIMON, de même.

S'il s'imagine qu'on l'a fait roi pour avoir une volonté... et si le comte de Lincoln était là !

SIMNEL, qui pendant ce temps a causé avec ses officiers, se retourne en les entendant murmurer.

Hein ? qu'y a-t-il... Que dites-vous ?

TOM WILL.

Je dis... je dis... que si on n'use pas de rigueur envers

ces gens-là... nous ne saurons pas où est leur maîtresse qui s'est cachée... la maîtresse du château...

LA DUCHESSE, s'avançant.

N'est-ce que cela, messieurs, épargnez-les... car me voici !

SIMON.

La duchesse de Durham !

TOM WILL, bas à Simon.

La maîtresse du prince !

SIMNEL.

Oui... oui... (A part, avec émotion.) La marraine de Catherine ! (S'avançant vers elle.) Rassurez-vous, madame, vous avez de la noblesse et de la naissance depuis longtemps !... moi, depuis hier ! et je ne sais pas encore parler en grand seigneur... Dieu m'en fera peut-être la grâce !... viennent les discours du prince ! mais les actions d'abord !... Quoique amie de nos ennemis... vous êtes une femme et je vous protégerai... Je vous le promets... soyez tranquille !

TOM WILL, bas.

Vous, l'épargner !

SIMNEL, brièvement.

Oui... (A la duchesse.) Un mot seulement, madame.

SIMON, bas à Tom Will.

Laissez-le faire... il veut la faire causer sur le prince ou sur ses desseins.

LA DUCHESSE, s'avançant.

Je vous écoute, monsieur !

SIMON.

On dit : monseigneur !

LA DUCHESSE.

Je suis aux ordres de monseigneur.

TOM WILL.

On dit : de Son Altesse.

SIMNEL, avec impatience.

C'est bien! (A Tom Will.) Voyez à faire rafraîchir nos gens. (Aux autres officiers.) Vous, messieurs, éloignez-vous, de grâce!
(Tom Will sort avec Simon, et les officiers se retirent de quelques pas. — Simnel reste seul avec la duchesse sur le devant du théâtre.)

LA DUCHESSE.

Quelle que soit votre générosité à mon égard, je n'ai pas besoin de vous dire, monseigneur, que toute question, relative à Son Altesse le prince Édouard, n'obtiendrait de moi aucune réponse.

SIMNEL.

C'est trop juste!... (Avec embarras.) Mais vous qui êtes de ce pays... car on vous y bénissait déjà... de mon temps!... vous y êtes toujours restée?...

LA DUCHESSE.

Oui... monseigneur!

SIMNEL.

Ce n'est pas comme moi! depuis quinze jours j'ai fait tant de choses, que je me crois absent depuis bien des années!... Avez-vous entendu parler d'une pauvre femme de vos vassales... de la bonne Marthe, qui était... oh! qui est toujours ma mère!... Est-elle de retour au pays?

LA DUCHESSE.

Non, monseigneur! je ne l'ai pas entendu dire!

SIMNEL, toujours hésitant.

Il y avait une autre personne encore... qui était votre filleule?

LA DUCHESSE.

La petite Catherine!... Je l'ai vue souvent.

SIMNEL.

Ah!... (Avec émotion.) Comment se porte-t-elle, madame?

LA DUCHESSE.

Elle était changée... elle était bien triste...

SIMNEL.

Pauvre fille !

LA DUCHESSE.

Son père, pour lui faire oublier un amour devenu impossible, veut la marier.

SIMNEL.

Et elle a consenti ?...

LA DUCHESSE.

D'après mes conseils... car elle m'a consultée !... elle s'est décidée à épouser...

SIMNEL, avec colère.

Qui ?

LA DUCHESSE.

Un de mes gens.

SIMNEL, de même.

Son nom ?

LA DUCHESSE.

Pourquoi ?

SIMNEL, avec colère.

Pour... le tuer !...

LA DUCHESSE.

Vous comprenez, monseigneur, que je ne vous le dirai pas, et Votre Altesse est trop généreuse... trop magnanime...

SIMNEL, se reprenant, et cherchant à se contenir.

Oui... oui... elle a bien fait... elle a raison. (s'inclinant.) Pardon, madame, voilà tout ce que je voulais vous demander !

LA DUCHESSE.

Pas autre chose ?

SIMNEL.

Non, madame; seulement je vous prie de me garder le

secret. (Haut, et se retournant avec impatience au bruit qu'il entend.) Quel est ce bruit?

SCÈNE V.

Les mêmes; TOM WILL, ÉDOUARD.

TOM WILL.

Qu'il soit arquebusé, et sur-le-champ!... Du moins c'en sera un.

SIMNEL.

Qu'est-ce donc, major?

TOM WILL, montrant Édouard, qu'on amène.

Un gaillard qui voulait s'échapper du château.

LA DUCHESSE, à part.

Dieu! le prince!

TOM WILL.

D'après vos ordres, toutes les issues étaient gardées, et nos sentinelles l'ont saisi comme il franchissait les fossés... Il se rendait au camp ennemi... c'est évident... C'est un espion... et comme tel...

LA DUCHESSE, vivement.

Arrêtez! c'est un de mes gens!... un fauconnier... un piqueur à mon service.

SIMNEL.

Pourquoi alors cherchait-il à s'évader?

LA DUCHESSE, troublée.

Ah! c'est que... voyez-vous...

SIMNEL, l'interrompant.

Il me le dira lui-même... je vais l'interroger... Qu'on nous laisse!

(Il remonte le théâtre en causant et en donnant des ordres à Tom Will et aux officiers qui s'en vont.)

LA DUCHESSE, sur le devant du théâtre, bas à Édouard.

Ah! que j'ai peur !

ÉDOUARD, de même.

Rassurez-vous; aucun de leurs chefs ne me connaît... excepté Lincoln... et il n'est pas ici.

(La duchesse salue Simnel qui redescend le théâtre, et sort.)

SCÈNE VI.

ÉDOUARD, SIMNEL, allant prendre un fauteuil et s'asseyant.

ÉDOUARD, debout, et à part.

Voilà donc ce prétendu prince, et c'est de lui que mon sort dépend ! Il y a des hasards !...

SIMNEL.

Approche... Ton nom ?

ÉDOUARD.

Richard Ireton !...

SIMNEL.

Au service de la duchesse ?

ÉDOUARD, brièvement.

Oui !

SIMNEL.

Tu pourrais, comme les autres, ajouter : monseigneur !... Tu n'en as pas l'habitude... ni moi non plus... Ta maîtresse ne t'envoyait-elle pas vers le prince Édouard pour le prévenir de notre arrivée ?

ÉDOUARD.

Non, monseigneur !

SIMNEL.

Prends garde !... pour toi et pour elle.

ÉDOUARD.

Ne punissez que moi... car c'est de moi-même, et sans l'en prévenir, que j'ai voulu m'échapper du château.

SIMNEL.

Et pourquoi ?

ÉDOUARD.

Pour tâcher de défendre... de porter secours à une personne que j'aime plus que ma vie...

SIMNEL.

Ta maîtresse ?

ÉDOUARD.

Mieux encore !... c'est ma femme... ou du moins ma fiancée !...

SIMNEL, avec émotion.

Ah! tu allais l'épouser... (A part.) C'est comme moi... quand je suis tombé prince. (Haut.) Je ne puis en ce moment te permettre de l'aller rejoindre... personne ne sort du château... c'est la consigne... mais plus tard... A Dieu ne plaise que je vous désunisse !... Au contraire... si je peux contribuer à votre bonheur...

ÉDOUARD, étonné.

Vous !...

SIMNEL.

Pourquoi pas ? te manque-t-il quelque chose ? As-tu à te plaindre de la fortune ?

ÉDOUARD.

Oui, certes, en ce moment surtout !

SIMNEL.

Tu n'es pas content de ton sort ?

ÉDOUARD.

Je le maudis!

SIMNEL.

Toi, fauconnier dans une noble maison... toi, chasseur qui, l'arbalète à la main, peux courir les bois, et n'es pas obligé d'être là, devant une table, à écouter les leçons d'un précepteur!... Mais tu es trop heureux... mais ton sort est superbe !

ÉDOUARD.

Vous trouvez !

SIMNEL.

Oui !... C'est un bel état que celui où l'on ne répond de rien, et où l'on peut dormir tranquille... Moi qui te parle, je voudrais bien qu'il me fût permis d'être à ta place.

ÉDOUARD, étonné.

En vérité !... (Vivement.) Et moi à la vôtre pour une heure seulement !

SIMNEL, souriant.

Ah! tu as de l'ambition ?... tu voudrais sortir d'ici ?

ÉDOUARD, vivement.

C'est mon seul désir.

SIMNEL, lui frappant sur l'épaule.

Eh bien ! viens avec moi, je t'emmène !

ÉDOUARD.

Moi !

SIMNEL.

Oui parbleu ! ce regard... je m'y connais... tu es taillé pour un plus glorieux état que celui de fauconnier. Tu dois bien te battre et j'aime les braves de passion... Tu ne me quitteras plus, car tu me plais, et autour de moi, si tu veux que je te le dise, il n'y en a guère qui me plaisent... C'est arrangé, dès demain tu marches avec moi ?

ÉDOUARD.

Impossible, monseigneur!... Nous ne pouvons pas suivre le même chemin.

SIMNEL, souriant.

Je comprends! au service de la duchesse, tu es pour la rose rouge ? Qu'est-ce que ça fait ?... Je puis te le dire, moi l'héritier des York, avant de connaître ma naissance, j'étais

IV. — XI. 18

pour nos ennemis... pour les Lancastre! je me serais fait hacher pour le roi Henri VII et pour son fils, le prince Édouard.

ÉDOUARD.

Il serai vrai !...

SIMNEL.

Tu vois donc bien que tu peux pour moi changer de sentiments.

ÉDOUARD, le regardant.

C'est possible.

SIMNEL.

Et me porter affection !...

ÉDOUARD, le regardant toujours.

C'est déjà fait.

SIMNEL, lui tendant la main.

Eh bien! touche là !...

ÉDOUARD.

Oui, malgré moi, je vous le jure... ce langage... cet air d'abandon et de franchise...

SIMNEL.

Je ne force personne !... mais, si tu as jamais besoin de mon appui... viens me trouver à Londres.

ÉDOUARD, vivement, et retirant sa main.

A Londres !...

SIMNEL.

Nous y serons bientôt... Le prince, qui a étendu ses lignes pour nous cerner, s'est laissé couper dans tous les sens.

ÉDOUARD, à part.

Ah! quelle faute impardonnable... et que dire à mon père?

SIMNEL, en confidence.

Nos manœuvres ont commencé au point du jour, au moment où nos espions nous annonçaient qu'il venait de quitter son camp... j'ignore pour quelle partie de plaisir... Mais un général qui s'amuse à courir les champs au moment d'une bataille mérite de la perdre.

ÉDOUARD, à part.

Et c'est de lui que je reçois une pareille leçon!... Ah! je m'en souviendrai!...

SCÈNE VII.

Les mêmes ; LA DUCHESSE, suivie des Gens de sa maison.

(Plusieurs domestiques apportent une table richement servie que l'on place au milieu du théâtre avec un seul fauteuil pendant le chœur suivant.)

LE CHŒUR.

Du prince que Dieu nous envoie
Que le règne dure toujours!
Que liesse, plaisir et joie
Prolongent de ses jours
Le cours!

(Pendant ce chœur, Simnel s'est assis à la table, après avoir invité avec galanterie la duchesse à y prendre place.)

SIMNEL, avec impatience, au chœur.

Assez, mordieu!...

(A la duchesse.)

Quels sont ces gens?

LA DUCHESSE.

Les miens!

SIMNEL.

Les vôtres,
Qui de leur dévoûment viennent nous étourdir!
Et puis, qu'est-il besoin d'eux tous pour nous servir?
Un seul suffit!

(Montrant Édouard, qui est confondu avec les gens de la duchesse.)

Lui!

LA DUCHESSE, effrayée.

Dieux!

SIMNEL.

Oui, je n'en veux pas d'autres.
(Se levant, et renvoyant avec sa serviette tous les autres valets.)
Sortez!
(Pendant ce temps, Édouard et la duchesse sont restés sur le devant du théâtre.)

LA DUCHESSE, bas à Édouard.

Vous, monseigneur!...

ÉDOUARD, à demi-voix.

Ne craignez plus pour moi!
Il est sans défiance! — Et pour peu que je puisse
M'échapper et rentrer au camp...

LA DUCHESSE, à part, voyant Simnel qui redescend.

Ah! quel supplice!

SIMNEL, qui vient de se rasseoir.

A la bonne heure, au moins l'on est chez soi.
(Simnel et la duchesse sont à table; Édouard est debout à gauche.)

TRIO.

Ensemble.

SIMNEL, s'asseyant.

Quel repas agréable!
Qu'il est doux, ici-bas,
Des plaisirs de la table
De voler aux combats!

LA DUCHESSE s'asseyant, à part.

O tourment qui m'accable!
Cachons-lui bien, hélas!
Sous un sourire aimable,
Ma crainte et mes combats.

ÉDOUARD, à part.

O supplice effroyable!
Et que ne puis-je, hélas!

Fuir le sort qui m'accable
Et voler aux combats!
(En ce moment on entend en dehors une musique militaire.

LA DUCHESSE.

Qu'entends-je?

SIMNEL.

C'est la musique
De nos soldats!... Ils répètent pour moi
Leur air national...

LA DUCHESSE, vivement et regardant Édouard.

Que Dieu sauve le roi!

ÉDOUARD, à demi-voix et souriant.

Le hasard est unique.

LA DUCHESSE, de même.

Et vient bien à propos, je croi!

(La duchesse se lève; Édouard est debout. — Simnel seul reste assis. — Ils chantent le *God save the King!* avec accompagnement de musique militaire en dehors.)

ÉDOUARD, ôtant son chapeau; LA DUCHESSE, debout.

Vive le roi!
Que tout prospère
Sous sa loi!
Veille, ô Dieu tutélaire,
Sur lui comme sur l'Angleterre!
(A part.)
Vive à jamais, vive le roi!

SIMNEL.

Allons, Dieu me guide et m'éclaire;
Allons, il faut venger mon père!
Il faut être prince et soldat,
C'est mon devoir, c'est mon état :
Je le ferai
Ou je mourrai!

Oui, que la gloire
Et la victoire
De ma mémoire

18.

Chassent soudain
Sombre tristesse,
Lâche faiblesse!
Plus de maîtresse!
Plus de chagrin!

LA DUCHESSE et ÉDOUARD, à part.
Dans son regard, quel feu soudain!

SIMNEL, avec force et tenant un verre.
L'honneur me crie :
A la patrie
Tu dois ta vie,
Ton bras, ton cœur.
Sa voix t'appelle...
Gloire éternelle!...
Mourir pour elle,
C'est le bonheur!

ÉDOUARD, animé et le regardant.
Sa voix m'enflamme,
Et dans mon âme
Vient retentir!

LA DUCHESSE, regardant Édouard.
Sa voix enflamme
Toute son âme,
Et l'a fait tressaillir.

Ensemble.

SIMNEL et ÉDOUARD.
L'honneur me crie :
A la patrie
Tu dois ta vie,
Ton bras, ton cœur.
Sa voix t'appelle...
Gloire éternelle!
Mourir pour elle,
C'est le bonheur!

LA DUCHESSE, à Édouard.
L'honneur te crie :
Pour la patrie,

Garde ta vie
Et ta valeur...
Sa voix t'appelle,
Sois-lui fidèle,
Il faut pour elle
Vaincre ton cœur!

SCÈNE VIII.

Les mêmes; TOM WILL, SIMON.

SIMNEL.

Qu'est-ce donc, messeigneurs?

TOM WILL.

Des demandes, des réclamations...

SIMNEL.

Encore!...

TOM WILL.

Des paysans que j'aurais bien expédiés moi-même... Mais puisque vous voulez qu'on ne pende personne sans votre permission...

SIMNEL, vivement.

Non, sans doute!

TOM WILL.

On est exposé alors à toutes les criailleries...

SIMNEL.

N'importe! Qu'ils entrent... qu'ils entrent!

TOM WILL.

Entrez, manants!

(John Bred et Catherine paraissent. — Tom Will ressort un instant après.)

SCÈNE IX.

Les mêmes, excepté Tom Will; JOHN BRED, CATHERINE,
faisant des révérences à droite et à gauche.

SIMNEL.

Dieu!... Catherine!... et son père!

LA DUCHESSE, bas, à Édouard.

Catherine! ma filleule!...

ÉDOUARD, bas, à la duchesse.

Celle qu'il aimait?...

LA DUCHESSE, bas, à Édouard.

Silence! Elle m'est dévouée, et si elle peut nous servir...

JOHN BRED, à sa fille.

Allons! approche donc! et ne tremble pas comme ça.

CATHERINE, tremblante.

Mais, mon père, vous tremblez encore plus fort que moi... Parlez-lui!...

JOHN BRED.

Certainement que je vais lui parler... Si tu crois que je me gênerai avec un de mes anciens garçons...

CATHERINE, bas.

Qu'est-ce que vous dites?

JOHN BRED.

Non... Je veux dire...

SIMNEL, d'un air ouvert.

C'est vous, maître John Bred... mon brave et digne patron...

JOHN BRED, à sa fille.

Vois-tu... il me reconnaît... Il n'est pas fier...

SIMNEL.

Ça me fait plaisir de vous voir! Eh bien! comment cela va-t-il?

JOHN BRED, s'inclinant profondément.

Faites honneur, mon prince... Si ce n'est que je suis au plus bas...

SIMNEL.

Comment ?...

JOHN BRED, d'un air piteux.

J'ai été victime de mes opinions !... et c'est bien malheureux pour un homme qui n'en a jamais eu... Non pas que je n'aie toujours fait des vœux en secret... pour la bonne cause... (Le regardant d'un air d'intelligence.) celle qui triomphe en ce moment.

SIMNEL, l'interrompant.

Enfin... qu'est-il donc arrivé ?...

JOHN BRED.

Une chose qui va vous faire saigner le cœur... Excellence... mon auberge... ce superbe établissement... où vous avez commencé votre apprentissage... je veux dire... où j'ai eu l'honneur de cacher votre illustre origine...

SIMNEL.

Eh bien ?...

JOHN BRED.

Il n'y a plus que les quatre murs... Brûlée... ravagée... pillée...

SIMNEL.

Ravagée... votre auberge ?

JOHN BRED.

De fond en comble... Comme nous n'étions d'aucun parti, nous avons eu l'avantage d'être brûlés par les deux !... Oh ! les brigands !... Je parle des autres, monseigneur...

SIMNEL, ému.

Ah ! voilà qui est affreux ! Ruiner un pauvre homme... un père de famille ! (A John Bred.) Vous avez bien fait de compter sur moi, maître John Bred... Votre maison sera rebâtie... à mes frais...

JOHN BRED, avec joie.

A vos frais, Majesté?...

SIMNEL.

Sur le premier argent que j'aurai.

JOHN BRED, déconcerté.

Sur le premier... (A part.) Il paraît qu'on ne lui a pas encore payé ses appointements.

SIMNEL.

Est-ce là tout ce que vous aviez à me demander?...

JOHN BRED, avec embarras.

Faites excuse, Éminence... nous avions encore... (A sa fille.) A ton tour, Catherine... c'est toi que ça regarde.

CATHERINE, confuse.

Je n'oserai jamais.

SIMNEL.

Parlez!...

CATHERINE, hésitant.

C'est que... voyez-vous... monseigneur... (Bas à son père.) Ça me fait un mal de l'appeler monseigneur... (Haut.) Depuis votre départ... on a proposé... à mon père...

JOHN BRED.

Oui... et vous concevez, vous qui êtes tout-puissant... ça n'aurait eu qu'à vous fâcher... Je me suis dit : Je ne veux pas la marier sans votre permission!...

SIMNEL, avec un mouvement.

Ma permission!...

JOHN BRED, s'inclinant.

Je vous devais bien cela...

SIMNEL, avec colère.

Ah! c'est trop fort! (Se calmant.) C'est tout simple, cependant, le respect, l'obéissance... Je conçois... et si votre fille y consent... Y consentez-vous, Catherine?

COUPLETS.

CATHERINE, les yeux baissés.
Premier couplet.

J'avais fait un plus joli rêve;
Un autre avait mes vœux secrets!
Mais puisque son rang me l'enlève,
A mon destin je me soumets.
Chacun se doit à sa famille,
Et puisque l'autre m'a dit : Non!
Moi, je ne veux pas rester fille;
Il faut bien s'faire une raison!

Aux ordres d'un père,
Oui, j'obéirai...
Celui qu'il préfère,
Je l'épouserai.

(Simnel fronce le sourcil. Catherine reprend en balbutiant.)
C'est-à-dire, il m'épousera
Dès qu' monseigneur le permettra.

Ensemble.

SIMNEL, à part.

Quel transport m'agite
Et trouble mon cœur!
Je sens qu'il palpite,
Mais c'est de fureur!

CATHERINE, à part.

Quel trouble l'agite!
Je sens que mon cœur
Près de lui palpite
Encor de bonheur!

JOHN BRED, à part.

Quel trouble l'agite!
Comme un grand seigneur
Change tout de suite
D'visage et d'humeur!

LA DUCHESSE, à part.

Quel trouble l'agite!

Je lis dans son cœur...
Et cette visite
Nous porte bonheur!

ÉDOUARD, à part.

Quel trouble l'agite!
Je lis dans son cœur...
Il bat, il palpite
D'amour, de fureur!

SIMNEL, à Catherine et parlant.

Et tu l'aimes... ce mari?

CATHERINE.

Deuxième couplet.

Un autre avait eu ma tendresse,
Un autre avait eu mon serment...
Mais enfin, puisqu'il me délaisse,
C'est qu'il veut que j'en fasse autant!...
(Pleurant.)
Mon époux est la bonté même...
Il fera mon bonheur... dit-on...
Je veux l'aimer... autant qu'il m'aime :
Il faut bien s'faire une raison!

Aux ordres d'un père,
Oui, j'obéirai;
Celui qu'il préfère,
Je le chérirai.
(Geste de fureur de Simnel, Catherine reprend toute troublée.)
C'est-à-dire... on le chérira
Dès qu'monseigneur... le permettra.

Ensemble.

SIMNEL, à part.

Quel transport m'agite, etc.

CATHERINE, à part.

Quel trouble l'agite! etc.

JOHN BRED, à part.

Quel trouble l'agite! etc.

LA DUCHESSE, à part.

Quel trouble l'agite! etc.

ÉDOUARD, à part.

Quel trouble l'agite! etc.

SIMNEL, faisant effort.

C'est bien !... c'est bien... cette permission qu'on me demande... je la donne.

CATHERINE, à part.

Ah ! j'espérais qu'il la refuserait...

SIMNEL, se promenant avec agitation.

Après tout... qu'est-ce que cela me fait?... est-ce que cela me regarde?... Où est-il ton mari?... prends-le, va-t'en, va-t'en avec lui?... Sors tout de suite du château!...

LA DUCHESSE, vivement et montrant Édouard.

Son mari !... le voici !

SIMNEL, regardant Édouard.

Lui!

CATHERINE, JOHN BRED, et ÉDOUARD, étonnés.

Comment?...

LA DUCHESSE, bas à Édouard.

Silence! (Glissant une bourse à John Bred.) Pas un mot! (Bas à Catherine.) Dis comme moi... Il y va de ma vie...

SIMNEL, regardant toujours Édouard.

Quoi!... celui de vos gens que ce matin vous ne vouliez pas me nommer... c'était Richard Ireton.

ÉDOUARD, vivement.

Moi-même...

SIMNEL, cherchant à se modérer.

Et celle que tu aimais... Ah ! je conçois alors que tu m'aies refusé quand je voulais t'emmener... tu avais mieux que ce que je t'offrais... (A Édouard qui veut parler.) C'est bien... je permets... je consens... je l'ai dit... A présent, emmène ta femme et va-t'en, va-t'en vite !...

(Il tombe accablé sur le canapé à gauche.)

LA DUCHESSE, à part.

Il est sauvé!

(Édouard a pris Catherine sous son bras; ils vont sortir.)

WILLIAMS, au fond, annonçant.

Milord Lincoln!...

ÉDOUARD, s'arrêtant.

Lincoln!...

LA DUCHESSE, de même.

Juste ciel!...

SCÈNE X.

Les mêmes; LINCOLN, TOM WILL, Officiers au fond.

SIMNEL, se levant.

Vous ici, milord!

LINCOLN, avec empressement.

Pardon, prince, d'avoir quitté mon poste sans les ordres de Votre Altesse; mais les nouvelles que j'apporte me serviront d'excuse. L'armée de nos ennemis est dans le plus grand désordre; un de leurs déserteurs vient de m'apprendre que le général, le prince Édouard, avait ce matin quitté son camp.

SIMNEL.

Je le savais!

LINCOLN.

Il n'y est plus rentré... on ignore ce qu'il est devenu... Et en profitant de leur confusion.

SIMNEL, vivement.

Il faut attaquer sur-le-champ! (A Tom Will.) Faites sonner le boute-selle.

ÉDOUARD, à part, au désespoir.

Malheureux!

LINCOLN, se retournant et l'apercevant.

Qu'ai-je vu?... on ne m'avait pas trompé... C'est lui... c'est le prince !

SIMNEL.

Le prince Édouard !

TOUS.

Lui !

LA DUCHESSE, accablée, tombant dans un fauteuil.

Je me meurs !...

(Catherine court à elle.)

SIMNEL, tombant assis et restant la tête appuyée sur sa main.

Édouard !

LINCOLN, avec joie.

C'est lui, vous dis-je !... notre ennemi, le fils de Henri VII... Je le reconnais assez...

ÉDOUARD, avec dédain.

En effet, milord... vous devez le reconnaître... car vous l'avez déjà trahi deux fois...

LINCOLN, avec emportement.

Pour mon seul et véritable maître... pour l'héritier des York... auquel le ciel te livre enfin !

TOUS, tirant leurs épées et menaçant Édouard.

Oui !... mort à Lancastre !

SIMNEL, les arrêtant d'un geste et s'adressant à Tom Will.

Major, je le confie à votre garde !...

LINCOLN.

Et songez que vous en devez compte...

SIMNEL, regardant Lincoln et les autres.

A moi... à moi seul... sur votre tête !

LA DUCHESSE, au désespoir.

Édouard !... ô mon Dieu !... c'est mon amour qui t'a perdu !...

(Édouard sort avec Tom Will et quelques officiers.)

SCÈNE XI.

Les mêmes ; excepté Tom-Will et Édouard.

CATHERINE, à part.

Ma pauvre marraine, elle n'y survivra pas !

LA DUCHESSE, courant à Simnel.

Monseigneur ! monseigneur ! par pitié ! Grâce ! grâce pour lui !

LINCOLN, brusquement.

Impossible !... (A Simnel, lui montrant une pancarte qu'il tient à la main.) Tenez, mon prince... voyez les nobles armes que l'on emploie contre vous... et si tout ce qui porte un cœur anglais ne doit pas s'indigner... Une proclamation, que depuis hier on a fait répandre dans toutes les campagnes... (Y jetant les yeux.) Votre tête mise à prix... ordre de vous courir sus, de vous livrer mort ou vif... (Montrant a signature.) Signé : Édouard !

LA DUCHESSE, vivement.

C'est impossible... Cette lâche imposture !...

SIMNEL, lui montrant la signature.

Voyez !

LA DUCHESSE, anéantie.

C'est vrai !... (D'un air suppliant.) Mais, au nom de votre fiancée... au nom de votre mère...

SIMNEL, avec émotion.

Ma mère !...

LINCOLN, avec force.

Nos soldats exigent de sanglantes représailles !...

SCÈNE XII.

LES MÊMES; TOM WILL, OFFICIERS, VASSAUX, FEMMES, PEUPLE.

FINALE.

LES OFFICIERS.

Qu'on le livre au supplice!
Plus de délais,
Nos bras sont prêts!
A l'instant qu'il périsse!
Pour lui, non, non,
Point de pardon!

SIMNEL, parlant bas à un soldat.

Allez!

(Le soldat sort.)

LINCOLN.

C'est son arrêt?

SIMNEL.

Non, j'entends qu'il obtienne
Sa grâce!

LINCOLN.

Et nul de nous n'y consent!

SIMNEL.

Il a mis
Ma tête à prix!
Et moi, le roi... moi, je sauve la sienne,
Pour mieux montrer à tous les yeux,
Quel est le prince de nous deux!

(Silence des soldats. — Tom Will paraît à gauche avec ses archers.)

LINCOLN, le voyant sans Édouard, et hors de lui.

Quand la couronne était à moi,
La perdre encor...

(Levant son épée sur Simnel.)

Malheur à toi!

CATHERINE, avec un cri, courant à Simnel.

Ah !

LA DUCHESSE, de même.

Ciel !

SIMNEL, arrachant l'épée des mains de Lincoln.

Oser lever le glaive sur ton roi !
Sur ton maître !...
(Aux officiers.)
Que l'on s'empare de ce traître !
(Tom Will et ses archers s'emparent de Lincoln.)

Ensemble.

LA DUCHESSE, regardant Simnel.

Tout mon sang s'est glacé d'effroi !
Noble Simnel, qui veillera sur toi ?

CATHERINE.

Tout mon sang s'est glacé d'effroi !
Pauvre Simnel, qui veillera sur toi ?

LINCOLN, à part, d'un air sombre.

Quand la couronne était à moi !...
Plus d'espérance ! Édouard sera roi !

TOM WILL et SIMON, à Lincoln.

Tout mon sang s'est glacé d'effroi !
Aux yeux de tous, tu sais qu'il est ton roi !

JOHN BRED.

Tout mon sang s'est glacé d'effroi !
Le malheureux ! oser frapper le roi !

LE CHŒUR.

Tout mon sang s'est glacé d'effroi !
Oser lever le glaive sur son roi !

(Après un silence.)

SIMNEL, se tournant vers ses soldats.

J'ai voulu sauver notre gloire !
Je suis du sang des York, soldats !...
Ni vous, ni moi ne voulons pas

D'une victoire
Que l'on obtient par des assassinats!

TOUS.

Non... non!...

SIMNEL, continuant.

C'est loyalement, c'est en face,
Qu'on triomphe d'un ennemi.

LES OFFICIERS.

Il a raison.

LES SOLDATS, électrisés.

Oui, oui!...

SIMNEL.

Suivez-moi donc, reprenez votre audace!

(Revenant près de Lincoln qui est de côté.)

Quant à toi,
A genoux... devant ton roi!

LINCOLN, frémissant de rage.

A genoux! moi!

TOM WILL et SIMON, bas à Lincoln.

Il le faut!

LINCOLN, bas.

M'humilier
Devant un obscur tavernier!...

SIMON, bas.

C'est le salut de notre cause.

TOM WILL, bas.

A la loi qu'il t'impose
Obéis...

LINCOLN, bas.

Mais...

TOM WILL et SIMON, bas.

Ou, sur l'honneur!
Je te plonge à l'instant ce poignard dans le cœur.

DES SOLDATS, le menaçant.
A genoux!
(Lincoln, pâle de fureur, est forcé d'obéir, et met un genou en terre.)

LINCOLN, à part.
Ah!

SIMNEL, lentement.
De ma clémence,
Cette fois-ci, du moins, tu ne te plaindras pas.
Ton insolence
Méritait le trépas...
(Lui rendant son épée.)
Je te pardonne... et voici ton épée!

LINCOLN.
Ah! Sire!

SIMNEL.
Et pour lui rendre son éclat,
Dans le sang ennemi qu'elle soit retrempée!
C'est la noblesse du soldat!

LA DUCHESSE, attendrie, et avec éclat.
Cœur magnanime!
Ah! ce serait un crime
De former des vœux contre toi!

CATHERINE, attendrie, et le regardant.
Cœur magnanime!
(Avec amour.)
Ah! ce n'est pas un crime,
Heureusement, d'aimer son roi!

TOUS, avec transport.
Gloire à Warwik!

LINCOLN, à part, se relevant.
O rage!
D'un tel outrage
Ah! je me vengerai!
Et dussé-je me perdre aussi... je le perdrai!
(On entend un bruit de tambours et de clairons.)

SIMNEL, reprenant son casque.

Édouard nous attend... ce signal nous l'annonce.
(A Lincoln, en lui montrant son épée.)
Au glaive des combats remettons notre sort,
 Et maintenant que Dieu prononce!

TOUS, avec enthousiasme.

C'est la victoire!...

LINCOLN, à part, regardant Simnel.

C'est la mort!

Ensemble.

SIMNEL et LE CHŒUR.

Marchons, soldats, le combat qui s'apprête
Doit enflammer de nobles cœurs;
Que ce combat pour nous soit une fête!
Allons cueillir les lauriers des vainqueurs!

LINCOLN, TOM WILL et SIMON.

Oui, ce combat prépare sa défaite,
Il ne peut plus échapper au malheur;
Sur lui bientôt va gronder la tempête,
Il doit périr pour venger notre honneur.

LA DUCHESSE.

Protégez-les, grand Dieu, quand la tempête
Sur tous les deux s'élève avec fureur :
Pour qui la gloire et pour qui la défaite?...
Je dois gémir, quel que soit le vainqueur.

CATHERINE.

Protégez-le, grand Dieu, quand la tempête
Contre son sein s'élève avec fureur!
Prêt à frapper, que votre bras s'arrête;
Sauvez ses jours au prix de mon bonheur!

JOHN BRED, à part.

Oui, ce combat pour eux est une fête,
Mais tout redouble à présent ma frayeur;
C'est sur moi seul que gronde la tempête,
Je perdrai tout, quel que soit le vainqueur!

(En ce moment, Simnel voit la duchesse qui est agenouillée et prie les mains levées vers le ciel.)

SIMNEL, la regardant avec tristesse.

Pour ton amant, noble Marie...
Tu fais des vœux! c'est juste! Et moi, le roi!
Personne!

(Il se retourne et voit à sa gauche Catherine agenouillée, qui prie en silence.)

Oh! si! Catherine qui prie!

(Avec émotion, et lui serrant la main à la dérobée.)

Ah! je le sais, va, c'est pour moi!

CATHERINE, avec larmes.

Toujours!

SIMNEL, avec effort et levant son épée.

Marchons!...

Ensemble.

LA DUCHESSE.

Protégez-les, grand Dieu, quand la tempête, etc.

SIMNEL et LE CHŒUR.

Marchons, soldats!... le combat qui s'apprête, etc.

LINCOLN, TOM WILL, SIMON, dans un coin, entre eux.

Oui, ce combat prépare sa défaite, etc.

CATHERINE.

Protégez-le, grand Dieu! quand la tempête, etc.

JOHN BRED et les VASSAUX.

Oui, ce combat pour eux est une fête, etc.

(Ils sortent en désordre.)

ACTE TROISIÈME

La tente de l'état-major, séparée de celle de Simnel par un large rideau qui s'ouvre en entier. Entrée de droite et de gauche. Au fond, le camp.

SCÈNE PREMIÈRE.

SIMON, TOM WILL, puis JOHN BRED.

(Simon est assis à gauche près d'une table et lit un papier, qu'il serre vivement en voyant entrer Tom Will.)

SIMON, se levant.

Eh bien! major, la bataille?

TOM WILL.

N'a été qu'une simple escarmouche!

SIMON.

Où il s'est battu comme un prince?

TOM WILL.

Comme un diable! Le corps que je commandais n'a pas même eu besoin de s'en mêler!

SIMON.

Et moi, qui ne m'en mêle jamais, j'étais resté en arrière à faire des vœux contre lui!

TOM WILL.

Cela lui aura porté bonheur!... car en vingt minutes, et avec une impétuosité qui me passe, il a rompu les lignes d'Édouard, qui, malgré son courage, n'a pu que rallier ses soldats dans une position à peu près inexpugnable, où il attend que le roi son père vienne le dégager!

SIMON.

C'est à confondre!

JOHN BRED, paraissant de côté.

Messeigneurs!

TOM WILL, brusquement.

Qu'est-ce que c'est?

JOHN BRED.

Pardon!... le dîner, le banquet, que notre royal maître avait commandé pour l'état-major, et dont en ma qualité de premier chef, j'ai dirigé l'exécution...

SIMON, avec impatience.

Eh bien?

JOHN BRED.

Tout est cuit à point... Peut-on servir?

SIMON, brusquement.

Nous n'avons pas le temps!

TOM WILL, de même.

Va-t'en au diable!...

JOHN BRED.

Est-ce qu'il y aurait des événements?

SIMON.

C'est bon... plus tard!...

JOHN BRED.

Suffit! (A part.) On ne dîne pas!... Décidément ça va mal!

(Il disparaît.)

SIMON, à Tom Will.

Vous croyez donc qu'il triomphera?

TOM WILL.

Par saint Georges! si ce n'était que cela, on se résignerait...

SIMON.

A être du parti vainqueur?

TOM WILL.

Mais il vient de nommer chefs tous ceux qui depuis quinze jours se sont le mieux battus!... il n'y a plus ni rang, ni naissance... ouvriers, artisans, le premier manant venu, s'il a quelque bravoure, peut arriver aux premiers emplois de l'armée...

SIMON.

Ça ne s'est jamais vu!

TOM WILL.

Tous nos gentilshommes sont furieux!

SIMON.

Et le conseil n'a pas réclamé?

TOM WILL.

Le conseil? il n'y en a plus!... c'est lui seul qui décide, qui ordonne!

SIMON.

Ce n'était pas la peine de faire nous-mêmes un roi... s'il ne nous obéit pas!

SCÈNE II.

Les mêmes; LINCOLN.

TOM WILL.

Ah! milord!

LINCOLN.

Je vous cherchais!

SIMON.

Eh bien! quelles nouvelles?

LINCOLN.

Il ne veut rien entendre!... nous lui donnions l'avis de ne point attaquer le prince Édouard... « Non! non! s'est-il écrié en haussant les épaules... l'épée est tirée, nous ne la remettrons dans le fourreau qu'à Londres! » Et il est homme à y arriver!...

TOM WILL.

Il y sera !

SIMON, troublé.

Il y est !... Vive le roi !

LINCOLN, les arrêtant.

Pas encore !... J'ai trouvé un moyen de l'arrêter, de venger mon injure et de rentrer en grâce auprès du roi Henri VII.

SIMON.

Du vrai roi d'Angleterre !

LINCOLN, montrant un papier.

Dont je viens de recevoir un message secret...

TOM WILL, de même.

Moi aussi !

SIMON, montrant le papier qu'il a caché au commencement de l'acte.

Moi de même.

TOM WILL.

On me nomme général !

LINCOLN.

Moi, duc et pair !

SIMON.

Moi, recteur d'Oxford !

TOM WILL.

Mais à des conditions !...

SIMON.

Difficiles !...

LINCOLN, souriant.

Celles de livrer le faux duc d'York !

SIMON, lentement.

Et vous pensez...

LINCOLN, de même.

Comme vous!

TOM WILL, de même.

Que ce prétendu roi...

LINCOLN.

Nous l'avons fait!

SIMON.

Nous pouvons le défaire!

TOM WILL, vivement.

Mais comment?

LINCOLN.

Rien de plus facile... mes soldats ne sont pas payés

TOM WILL.

Pas plus que les miens!

SIMON.

La caisse est vide!

TOM WILL.

C'est vrai... j'y ai passé ce matin!

LINCOLN.

Et moi hier!

TOM WILL.

C'est donc cela qu'il n'y restait pas un shelling.

LINCOLN, à mi-voix.

Je leur ai fait conseiller sous main de refuser de marcher jusqu'à l'entier acquittement de leur solde... d'abandonner leur chef, s'ils n'étaient payés à l'instant... Des émissaires secrets parcourent tous les postes, échauffent les esprits...

SIMON, avec joie.

Et comme il n'y a rien en caisse!...

TOM WILL.

Voilà le vainqueur arrêté net...

LINCOLN.

Au milieu de son triomphe!... (Prêtant l'oreille.) Eh! mais, je crois entendre...

(La musique commence et peint un soulèvement populaire qui s'approche peu à peu. On entend des clameurs, des cris, qui vont en augmentant et qui éclatent au chant des soldats.)

LINCOLN, aux deux autres.

Écoutez!

TOM WILL et SIMON.

Écoutons!

LINCOLN.

C'est l'orage qui gronde!

TOM WILL.

Ces menaces!

SIMON.

Ces cris de mort!

LINCOLN.

Oui, oui, leur rage nous seconde...

TOM WILL.

Il ne peut plus échapper à son sort!

SIMON, LINCOLN et TOM WILL.

Il ne peut plus échapper à son sort!

LES SOLDATS, en dehors.

Notre paie! (*bis*.)
Nous la voulons.
Notre paie! (*bis*.)
Et nous marchons,
Et rien ne nous effraie;
Mais notre paie! (*bis*.)

SIMON.

Non, non, non, non!

LINCOLN, avec joie signant son papier.

Il est à nous, signons bien vite
Nos soumissions...

TOM WILL, signant la sienne.

La voilà...

LINCOLN, à Simon.

Vous ne signez pas !

TOM WILL.

Il hésite !...

SIMON, souriant et montrant son papier.

Non ! la mienne l'était déjà !

LINCOLN, faisant signe à un messager qui paraît à gauche.
(Lincoln réunit ensemble et scelle les trois soumissions.)

Rutwell, à l'instant, ventre à terre !
Au camp du prince, et ce paquet au roi !

(Le messager sort.)

Nous sauvons l'Angleterre !

TOM WILL, écoutant, au fond.

Mais je n'entends plus rien, je crois !

LINCOLN.

Que dites-vous ?

SIMON, écoutant.

Plus de cri de vengeance !...

LINCOLN, inquiet.

Que dites-vous ?

TOM WILL.

Plus de cris de fureur !

LINCOLN.

Comment ?

SIMON, LINCOLN et TOM WILL, avec terreur et à demi-voix.

Ce calme et ce silence
Viennent troubler mon cœur !

(Les voix s'affaiblissent et s'éteignent avec la musique. Tout à coup les rideaux du fond s'ouvrent et laissent voir les soldats, les officiers, inclinés devant Simnel, qui est seul debout au milieu d'eux.)

TOUS, avec acclamation.

Vive York!

LINCOLN, TOM WILL et SIMON stupéfaits.

Que vois-je?

SCÈNE III.

LES MÊMES; SIMNEL, OFFICIERS, SOLDATS.

SIMNEL, aux soldats.

C'est bien, mes amis, vous avez entendu la voix de l'honneur!... vous rentrez dans le devoir!... Et maintenant, ce que je n'aurais jamais accordé à la révolte, à la rébellion... je puis l'accorder au repentir!... (S'avançant en scène au milieu des soldats.) Vous demandez votre paie... c'est trop juste... Je vais vous la donner sur-le-champ!

SIMON, à part.

Comment fera-t-il?

SIMNEL.

Le soldat avant tout... Ma part du butin, tout ce que j'ai, je vous l'abandonne... (Regardant les uns et les autres.) Et vos chefs, en dignes gentilshommes, ne seront pas moins généreux que moi!... Allez, courez à leurs tentes et payez-vous!... Dans deux heures le combat!

TOUS.

Vive notre général! Hourra!

(Ils sortent tous en poussant des cris de joie.)

SIMNEL, à Lincoln, Simon et Tom Will.

Restez, messieurs... J'ai besoin de vous!

(Les rideaux du fond se referment.)

SCÈNE IV.

SIMNEL, LINCOLN, TOM WILL, SIMON.

SIMNEL, montrant la table à gauche.

Mettez-vous là, milord... écrivez mes dernières dispositions pour l'attaque!... (A Simon, en lui faisant signe de s'asseoir près de Lincoln.) Vous, mon digne précepteur, expédiez les ordres à mesure... (A Tom Will qui est à droite.) Et vous, major, vous les ferez parvenir sur-le-champ aux différents corps!...

SIMON, assis, bas à Lincoln.

Comme il y va! C'en est fait des Lancastre!

LINCOLN, bas, en prenant une plume.

Peut-être!... Vous oubliez que le héros ne sait pas lire!

SIMON, à demi-voix.

Grâce à moi, qui le lui ai montré!

LINCOLN, de même.

N'écrivez que ce que je vous dirai... Et en faisant prévenir Édouard...

SIMON, lui faisant signe qu'il le comprend, et que Simnel, qui se promenait, vient à eux.

Chut!

SIMNEL, se promenant et préoccupé.

L'important est d'empêcher la jonction d'Henri VII et de son fils... et pour cela, il faut les battre séparément... (A Lincoln.) Mettez Lindal et ses archers en tête!

LINCOLN, écrivant et dictant bas à Simon.

En arrière!

SIMNEL, dictant.

Lord Greenwille et la cavalerie dans la plaine de Derby!

LINCOLN, bas à Simon, et écrivant.

Dans les marais de Stoke !

SIMNEL, dictant.

Holliday, à droite !

LINCOLN, bas en écrivant.

A gauche !

SIMNEL.

Et Burton en avant !

LINCOLN, bas, à Simon.

A trois milles !

SIMNEL.

Tout est prévu...

LINCOLN, se levant et laissant sur la table le plan qu'il a écrit.

Je le crois !

SIMNEL, avec joie.

C'est bien, donnez, milord !...

(Il appose son sceau sur les ordres expédiés par Simon.)

LINCOLN, bas, à Tom Will.

Il est perdu !

SIMNEL, les congédiant.

A cheval dans une heure, pour visiter les postes... Je vous attends, messieurs !

(Ils sortent tous trois.)

SIMNEL, seul, après un silence, et passant sa main sur son front.

Ah ! c'est un rude état... et si je l'avais connu quand je l'ai pris !...

SCÈNE V.

SIMNEL, assis près de la table à gauche et cachant sa tête dans ses mains, CATHERINE, soulevant le rideau de la tente à gauche, regarde, n'aperçoit personne et s'avance sur la pointe du pied.)

CATHERINE, à demi-voix.

Simnel! Simnel!... (A part.) Ah! qu'est-ce que je dis!... il n'entend plus ce nom-là... (A voix haute.) Sire!

SIMNEL, brusquement.

Qu'est-ce encore?... (Se retournant.) Ah! c'est toi, Catherine?

CATHERINE.

Oui, Votre Majesté!...

SIMNEL.

Que me veux-tu?

CATHERINE.

Vous avez si peu de temps à vous, que vous n'aurez pas celui de m'écouter...

SIMNEL.

Toi! toujours! Parle!

CATHERINE, timidement.

C'est que mon père, qui renonce, dit-il, à avoir des princes dans sa famille, revient pour gendre au garde-chasse Ireton!

SIMNEL, avec émotion.

Ah!

CATHERINE.

Et comme, par suite des avantages que vous avez remportés, notre église a brûlé, ainsi que le reste du village, c'est ici, avec le consentement de madame la duchesse, dans la chapelle du château, que l'on doit nous marier!

SIMNEL, de même.

Et quand cela?

CATHERINE.

Pardine! aujourd'hui, à trois heures... et d'ici vous entendrez sonner la cloche de mon mariage.

SIMNEL, à part.

O ciel!

CATHERINE, d'un air de reproche.

Et si ce mariage ne vous fait rien à vous, Sire, il faut que vous sachiez que moi, il me désole... car j'en aime un autre...

SIMNEL, vivement et avec joie.

Ah!

CATHERINE, tendrement

Vous ne le saviez pas?

SIMNEL, troublé.

Si vraiment! si!...

CATHERINE.

Et le plus terrible, c'est que je ne peux pas l'oublier, et que je l'aime toujours!

SIMNEL, tendrement.

Catherine!

CATHERINE.

Mais mon père veut ce mariage... il commande, il ordonne... il est le maître... et une fille doit obéir à son père comme un sujet à son roi!... Alors, ne sachant que faire et que devenir, je me suis dit : J'ai quelques protections, quelques amis à la cour... j'en avais du moins... et peut-être qu'ils viendront à mon aide...

SIMNEL.

Moi!... N'es-tu pas venue avec ton père me demander mon consentement?... Ne l'ai-je pas donné ainsi que ma parole royale?... Et puis-je maintenant, sans être accusé d'injustice et de tyrannie...

CATHERINE, vivement.

Eh! qu'est-ce que ça fait!... Quand vous seriez tyran une fois par hasard!... pour le bonheur des gens!... Où serait le mal?... Moi, je dirais à votre place : *Je veux ce que je veux, parce que je le veux!* Voilà!... Sinon, ce n'est pas la peine de s'en mêler!... (Avec émotion et les larmes aux yeux.) Être roi pour abandonner, pour désoler ceux que l'on aime... et ne plus oser l'être, quand il faut les sauver du malheur et du désespoir... voilà où est l'injustice!.. (Vivement.) D'autant, voyez-vous, qu'un mot, un seul mot de menace adressé à mon père, qui est encore plus craintif que toi... (S'arrêtant.) Ah! mon Dieu! qu'est-ce que je fais!... voilà que je tutoie le roi!...

SIMNEL, vivement.

N'importe!... (Se rapprochant et lui prenant la main.) Tu dis donc qu'un seul mot d'autorité!...

CATHERINE, avec émotion.

Ou de défense empêcherait ce mariage.

SIMNEL, la regardant avec attendrissement.

Et alors, toi, qu'est-ce que tu deviendras?

CATHERINE.

Je n'en sais rien... mais au moins je ne serai pas à un autre... Je ne serai à personne... Je resterai fille!... une vieille fille... bien vieille, qui t'aimera toujours... C'est-à-dire, non... j'aimerai le roi!... je prierai pour lui... je dirai tous les jours : Dieu sauve le roi!... Et quand je le verrai passer dans une belle voiture dorée avec des gardes tout autour, et la reine à ses côtés... la reine qui aura pris ma place, je dirai : Voilà mon fiancé qui m'a abandonnée, qui a brisé mon anneau!... moi plus heureuse, j'ai gardé le sien... je ne l'ai pas donné à un autre, et je mourrai avec lui!

SIMNEL, sanglotant.

Catherine! Catherine!

CATHERINE, cherchant à le consoler.

Eh bien! Sire, voilà que tu pleures aussi!

SIMNEL.

Ah! c'est que je suis bien malheureux!

CATHERINE.

Et moi donc!... (Aapercevant John Bred.) C'est mon père!
(Tous les deux s'éloignent, cherchent à se remettre de leur trouble et essuient leurs yeux.)

SCÈNE VI.

CATHERINE, SIMNEL, JOHN BRED, entrant par la gauche.

JOHN BRED.

Je venais annoncer à Votre Majesté... (A part, regardant Simnel.) Quel air triste et défait!... Ils ont raison... ça va mal!

SIMNEL, sans le regarder.

Eh bien ?

JOHN BRED, à part.

Il paraît, comme ils le disent tous, que c'est un homme perdu!... (Haut.) Je viens annoncer à Votre Majesté que le dîner est servi!

SIMNEL.

Je n'ai pas faim!

JOHN BRED, à part.

Je le crois bien!

SIMNEL.

A ce soir, après la bataille!

JOHN BRED.

Votre Majesté sait aussi bien que moi que les hommes peuvent attendre... mais que les dîners...

SIMNEL, brusquement.

Il suffit!... Vous devez marier votre fille au garde-chasse Ireton?

JOHN BRED.

Aujourd'hui, dans la chapelle du château... vous nous l'avez permis!

SIMNEL, hésitant.

Sans doute... mais maintenant, je pense... que...

CATHERINE, bas.

Pas de phrases... rien qu'un mot!

SIMNEL.

Je défends ce mariage!

(Il tourne le dos à John Bred et s'éloigne de lui.)

JOHN BRED, étonné.

Le défendre! et pourquoi?

CATHERINE, vivement.

Il n'y a pas besoin de raisons... Le roi a dit : Je le défends!

JOHN BRED, la faisant taire.

C'est bon! c'est bon!... (A part.) Si ça tourne comme on le dit, je n'ai pas d'ordre à recevoir de lui... Et tantôt à la chapelle...(Haut à Catherine.) Marchez, petite fille!

CATHERINE.

Où donc?

JOHN BRED.

Je vous le dirai... Marchons toujours!

CATHERINE, à Simnel.

Adieu, Sire!

(Elle sort avec son père.)

SCÈNE VII.

SIMNEL, seul, la regardant sortir.

Oui, oui... elle a raison... elle ne sera pas à un autre...
Mais perdue pour moi, perdue à jamais!

ROMANCE.

Premier couplet.

Adieu, doux rêves de ma vie!
Espoir d'un tranquille avenir!
Adieu, ma seule et tendre amie,
Toi qui devais m'appartenir!
Destin dont l'éclat m'environne,
Et dont j'accuse la rigueur,
Vous m'avez donné la couronne,
Vous m'avez ravi le bonheur!

Deuxième couplet.

Dans l'humble rang qui m'a vu naître,
Que d'amour m'était réservé!
Un autre, hélas! devient le maître
Du trésor que j'avais rêvé!
Fortune, à qui je m'abandonne,
Excusez le vœu de mon cœur!
Destin, reprenez ma couronne,
Et rendez-moi tout mon bonheur!

SCÈNE VIII.

SIMNEL, MARTHE en dehors, **SOLDATS**.

SOLDATS, en dehors

On ne passe pas!

MARTHE, en dehors

Mais j'ai vu maître John Bred... Il est là!

SIMNEL.

Dieu ! cette voix !

MARTHE, paraissant aux rideaux du fond, et parlant au milieu des soldats.

Et je parlerai à John Bred ! (Apercevant Simnel et poussant un cri.) Ah ! voilà qui vaut bien mieux !... Toi ici !... comment cela se fait-il ?... Moi qui cherchais John Bred pour lui demander de tes nouvelles... et ces vilains soldats qui ne voulaient pas me laisser passer.

SIMNEL, aux soldats qui sont restés au fond.

Laissez-nous !...

(Les soldats s'inclinent et se retirent.)

MARTHE.

Tiens ! ils s'en vont !... eux qui d'ordinaire ne veulent rien entendre... D'où vient donc, mon fils, qu'ils sont si honnêtes ?

SIMNEL, à part.

Son fils !... Pauvre femme ! comment la détromper !...

MARTHE, regardant l'armure de Simnel.

Ah ! je comprends ; tu es leur camarade... tu te seras engagé.

SIMNEL, soupirant.

Oui, ma mère... engagé... malgré moi...

MARTHE.

Je m'en suis doutée... en voyant le village ravagé... et l'auberge brûlée, car j'en viens... j'en arrive, et personne... pas un habitant... un vrai désert... On voit bien que la guerre a passé par là... Et je me suis dit : Si mon pauvre fils n'est pas mort, il se sera fait soldat... Mais où avoir de ses nouvelles ?... Je me suis rendue chez madame la duchesse... elle aussi avait disparu... et toute une armée campée... ici... dans son château et dans son parc... Je demande à un groupe de soldats qui buvaient en criant : « Vive York ! vive notre roi !... » je leur demande s'ils connaissent un garçon pâtissier qui est mon fils !... Aucun ne savait ce que je voulais leur dire... Mais j'aperçois dans les jardins des cuisiniers, des broches et des fourneaux... je me dis : Ça doit être son quartier général... et justement, quoique ce fût de bien loin, je reconnus John Bred et sa fille Catherine... ta prétendue... se dirigeant vers une de ces tentes... Je cours, je veux entrer; on me repousse en me disant : « C'est la tente du roi... » Et tu m'entends et me voilà... et je peux t'embrasser !

SIMNEL.

Oui, ma mère, ma bonne mère !

MARTHE.

Tu es donc en sentinelle dans la tente du roi ! C'est avantageux ! parce que, d'être près du roi, ça doit porter bonheur...

SIMNEL.

Pas toujours... vous le verrez...

MARTHE.

Eh ! mais, en effet, toi, si joyeux et de si bonne humeur... tu m'as l'air triste... Est-ce que Catherine ne t'aimerait plus !

SIMNEL, vivement.

Si, ma mère... toujours...

MARTHE.

A la bonne heure... Pourquoi donc, alors ?... (Le regardant.) Ah ! mon Dieu ! depuis que je t'ai quitté... je vois là une ride sur ton front... Une ride !... à ton âge !

SIMNEL.

Ah ! dame ! on vieillit vite au métier que je fais.

MARTHE.

Oui, des soldats... ça a du mal... Mais il faut quitter l'état, puisque tu l'as pris malgré toi.

SIMNEL.

Plût au ciel !... car je n'y reste pas pour mon plaisir... mais, comme vous le disiez tout à l'heure, quand on est engagé...

MARTHE.

On se dégage... on demande son congé... surtout quand c'est pour se marier... Car je rapporte tout ce qu'il faut pour cela... même une dot... Oui, mon garçon... de l'argent... et mieux encore...

SIMNEL.

Merci, ma bonne mère... car toujours, et quoi qu'il arrive, je vous regarderai comme telle.

MARTHE.

Je te défie bien de me regarder autrement.

SIMNEL.

Oui, vous avez raison... Mais dites-moi d'abord d'où vous venez...

MARTHE.

Depuis plus de trois semaines j'étais partie pour le pays de Galles, pour le château du duc de Norfolk... Dieu sait si j'avais hâte de revenir! Et à une lieue d'ici il m'a fallu faire un détour qui m'a retardée d'une heure... Tout le sentier qui borde le marais était encombré par des soldats...

SIMNEL, souriant.

Je sais... des casaques rouges...

MARTHE.

Non... vertes...

SIMNEL.

Des fantassins?...

MARTHE.

Du tout... de la cavalerie...

SIMNEL.

Ce n'est pas possible!

MARTHE.

Et de beaux cavaliers, encore... Mais qu'importe?

SIMNEL.

Ce qu'il importe!... De la cavalerie dans le marais!...

20.

MARTHE.

Qu'ils y soient ou non... ça ne me regarde pas... ni toi non plus...

SIMNEL.

Vous êtes sûre, ma mère, de ne pas vous être trompée ?

MARTHE.

Je les ai vus comme je te vois.

SIMNEL.

A l'heure qu'il est, ils devraient être sur un point tout opposé.

MARTHE.

Là où ailleurs... qu'est-ce que ça te fait ?

SIMNEL.

Ce que cela me fait ? Il y a erreur ou trahison, car les ordres étaient formels... La marche était clairement indiquée sur ce plan de bataille... Et ne pas pouvoir m'assurer... Ah ! vous, ma mère... vous... quel bonheur ! vous savez lire.

MARTHE, avec fierté.

Et écrire ! Et ça m'a servi au château de Norfolk pour signer tous les papiers qui t'étaient nécessaires...

SIMNEL, lui présentant le plan.

Lisez... lisez... je vous prie...

MARTHE.

Plus tard... Laisse-moi d'abord te parler de ce qui t'intéresse !...

SIMNEL.

Cela d'abord... là... là... Lisez...

MARTHE.

Que veux-tu que je comprenne à ce grimoire ? (Lisant le papier que Simnel lui présente.) « Lindal, et ses archers... vers la plaine... »

SIMNEL, avec colère.

Du tout... du tout... ce n'est pas ça...

MARTHE, avec impatience.

Eh ! si vraiment... c'est ça... Je lis ce qui est écrit ; ne voudrait-il pas en remontrer à sa mère ?... « Lord Greenwille et ses cavaliers près du marais de Stoke... » Tu vois bien, de la cavalerie !...

SIMNEL, furieux.

Non pas... c'est tout le contraire... La cavalerie dans la plaine... chargeant l'ennemi... et le repoussant vers les marais où nos archers embusqués les attendent...

MARTHE.

Et qu'est-ce que nous avons besoin de ça... Mon fils, mon fils... as-tu perdu la raison de te mettre dans l'état où tu es pour des niaiseries pareilles ?... Allons... il ne m'écoute pas !

SIMNEL, à part, marchant à grands pas.

Et trompée par de faux rapports, toute l'armée est en marche... Oui, oui, il y a complot et trahison, car lord Lincoln, à qui je dictais, n'a pu se méprendre à ce point sans intention.

SCÈNE IX.

MARTHE, SIMNEL, TOM WILL, PLUSIEURS OFFICIERS.

MARTHE, à demi-voix.

Des officiers supérieurs !... Prends donc garde !

SIMNEL, brusquement.

Messieurs...

MARTHE, à demi-voix.

Salue donc !

SIMNEL, de même.

Vous allez monter à cheval... à l'instant... Écoutez bien !

(Il leur parle à voix basse.) Et ventre à terre dans toutes les directions... Allez !...

(Les officiers sortent.)

SIMNEL, s'adressant à Tom Will.

Quant à vous, major...

MARTHE, à voix basse à Simnel.

Un major! Salue donc! (Regardant Tom Will qui s'incline.) Tiens, c'est lui !...

SIMNEL, à Tom Will.

Vous allez vous assurer de lord Lincoln... vous me l'amènerez, et vous disposerez tout pour que dans une demi-heure il soit pendu.

MARTHE.

Que dit-il? un lord!

TOM WILL.

Il réclamera... et je réclame pour lui... Comme gentilhomme il a le droit d'avoir la tête tranchée...

SIMNEL.

Et comme traître... il mérite d'être pendu, et le sera... lui... et tous ceux qui lui ressemblent... Allez!

TOM WILL.

J'obéis... (A demi-voix.) avec d'autant plus de facilité qu'entre nous, Lincoln ne l'a pas volé. (S'inclinant.) J'y vais.

SCÈNE X.

MARTHE, SIMNEL.

MARTHE.

Parler ainsi à un major... as-tu perdu la tête? Et cet autre que l'on va pendre, pourquoi ça?

SIMNEL, brusquement.

Parce que je le veux! et que je l'ai condamné!

####### MARTHE.

Miséricorde! toi, Lambert... toi causer la mort d'un homme! J'en suis toute tremblante... toi! si doux et si bon! Mais au milieu de ces pillards et de ces bandits... Voyez-vous ce que c'est que les mauvaises connaissances!... (Voyant entrer la duchesse.) Ah! madame la duchesse... c'est vous... venez à mon aide... venez l'empêcher de se perdre...

SCÈNE XI.

Les mêmes; LA DUCHESSE et deux Officiers, qui la suivent.

####### LA DUCHESSE.

C'est pour cela que j'arrive...

####### MARTHE, à Simnel, qui est resté immobile, assis sur une chaise.

La duchesse!... la duchesse!... entends-tu?... Ah! cette fois, c'est trop fort... Pardon pour lui, madame... (Bas.) Mais lève-toi donc!... (Voyant Simnel qui se lève.) Ah!... c'est bien heureux!

####### SIMNEL.

Que me voulez-vous, madame la duchesse?

####### LA DUCHESSE.

Le prince Édouard me charge de vous demander une grâce.

####### MARTHE.

Oh! madame, nous n'avons rien à vous refuser!...

####### LA DUCHESSE.

Une heure de trêve... et une entrevue...

####### SIMNEL, à part.

Oui... en ce moment... une heure de trêve... me permettra de tout réparer... (Haut.) Vous pouvez faire dire au prince que je consens à le recevoir... et que je l'attends...

MARTHE, stupéfaite.

Quel geste! et comme il a dit ça!... C'est à n'en pas revenir!

LA DUCHESSE, à Simnel.

Merci... monseigneur... (Se retournant vers les officiers qui sont restés au fond du théâtre.) Allez... allez vite vers le prince!

MARTHE, toujours immobile.

Monseigneur, a-t-elle dit... J'en deviendrai folle... Simnel... Simnel, mon fils... est-ce que tu n'es pas... un soldat?

SIMNEL.

Si, ma mère... mais mieux que cela... Je suis...

LA DUCHESSE.

Le duc d'York, à ce qu'on prétend!

MARTHE.

Simnel! le duc d'York! Ce n'est pas vrai! ce n'est pas vrai, madame... c'est mon fils... et personne devant moi n'osera soutenir le contraire!

TRIO.

MARTHE.

Devant Dieu qui m'entend
J'en fais ici serment,
Oui, c'est là mon enfant!
L'enfant que j'ai vu naître!
Oui, je lui donnai l'être!
C'est mon fils, c'est mon sang!

SIMNEL.

Puissiez-vous dire vrai!... Mais pourquoi le mystère
Qui cachait ma naissance?

MARTHE.

Ah! pardonne à ta mère,
Coupable, hélas! en te donnant le jour...
Je craignais, vois-tu bien, de rougir à ta vue...
Mes torts sont réparés... la foi que j'ai reçue
Te rend d'un père et le nom et l'amour!

LA DUCHESSE.

Ce père, quel est-il ?

MARTHE.

Autrefois... à la guerre
Sous le duc de Norfolk... soldat... et maintenant
De son vieux général devenu l'intendant,
(Donnant des papiers à la duchesse.)
Voyez plutôt... voyez... A présent je suis fière.
Oui, oui !

Ensemble.

SIMNEL.

Devant Dieu qui l'entend,
Elle en fait le serment.
Oui, c'est la voix du sang
Oui, je suis son enfant !

MARTHE.

Devant Dieu qui m'entend,
J'en fais ici serment,
Oui, c'est là mon enfant !
L'enfant que j'ai vu naître !
Oui, je lui donnai l'être...
C'est mon fils, c'est mon sang !

LA DUCHESSE.

Devant Dieu qui l'entend
Elle en fait le serment ;
Tout le prouve vraiment,
Oui, c'est bien son enfant !

(A Simnel, lui montrant les papiers qu'elle vient de parcourir.)
Elle a dit vrai !

SIMNEL, à part.

Grand Dieu ! mes vœux sont exaucés.
Vous me rendez la joie et mes beaux jours passés !
(On entend dans ce moment le son d'une cloche.)
Mais non, la fortune cruelle
Vient me poursuivre, hélas !... Ne l'entendez-vous pas ?

LA DUCHESSE.
C'est la cloche de la chapelle !

MARTHE.
Que nous importe?

SIMNEL, lui prenant la main.
En ce moment, hélas !
C'est Catherine qu'on marie !
(A des officiers qui entrent.)
Empêchez cet hymen... il y va de la vie !
Allez... courez... pressez vos pas !

(Les officiers sortent.)

Ensemble.

MARTHE.
D'effoi je suis saisie !
Venez à mon secours !
Et pour sauver sa vie
Mon Dieu, prenez mes jours !

SIMNEL.
Si sa foi m'est ravie,
Ravie et sans retour,
Mieux vaut perdre la vie
Que perdre son amour !

LA DUCHESSE.
O Dieu que je supplie !
En vous seul j'ai recours !
Rendez-lui son amie
Et conservez ses jours !

(Des trompettes se font entendre, les rideaux du fond se relèvent; le prince Édouard paraît, suivi de plusieurs officiers. Catherine entre par la gauche et vient se jeter dans les bras de Simnel.)

SCÈNE XII.

Les mêmes ; LE PRINCE ÉDOUARD, JOHN BRED, CATHERINE, Dames d'honneur, Soldats, Paysans, Paysannes.

FINALE.

LE PRINCE, à Simnel.

Quand je vous demandais un entretien secret,
Pourquoi tous ces témoins !

SIMNEL.

Ils servent mon projet !
En ce moment heureux, mon prince, je désire
Que tous entendent bien ce que je vais vous dire...
Abusé par un traître, à qui Dieu le pardonne,
   Simnel a pu se croire votre roi...
   Mais l'honneur fut toujours sa loi !
Il ne veut rien voler, pas même une couronne...
Soldats, imitez-moi, tombons à ses genoux...
Oui, vos sujets, mon prince, embrassent vos genoux !

(Simnel se prosterne devant le prince ; tous les soldats l'imitent et crient : *Vive Édouard!*)

LE CHOEUR.

   Soldat d'York, mon compagnon,
   Halte-là ! baissez pavillon !
   Car j'entends le vieux cri de guerre
   De Lancastre et de Richemont !

TABLE

—

	Pages.
LE KIOSQUE.	1
LA PART DU DIABLE	51
LE PUITS D'AMOUR	159
LAMBERT SIMNEL	259

CLICHY. — Impr. PAUL DUPONT, rue du Bac-d'Asnières, 12. (1703—78.)

www.ingramcontent.com/pod-product-compliance
Lightning Source LLC
Chambersburg PA
CBHW050311170426
43202CB00011B/1855